コロンビアの素顔

寺澤辰麿

Tatsumaro Terazawa

かまくら春秋社

黄金郷伝説を伝える「黄金の筏」（コロンビア共和国銀行黄金博物館蔵）

サン・アングスティン遺跡の墳墓の石像

マグダレナ河下流域の低湿地帯とアンデス東部山脈

グアタビータ湖。左に人力で湖岸を切り崩した跡が見える

バランキージャのカーニバル

エメラルドの原石

コーヒーの赤い実

コロンビアの素顔 ● 目次

コロンビアの素顔

装丁　中村　聡

はじめに

二〇〇七年八月から二〇一〇年九月までの三年間あまり、私はコロンビアの日本国大使館で勤務する機会を得た。その経験から、日本におけるコロンビアに関する情報の欠如を痛感して、帰国後「ビオレンシアの政治社会史―若き国コロンビアの悪魔払い」を上梓した。これは、コロンビアと聞いて一般の日本人が抱くイメージである治安の悪さについて、その歴史、実態を政治・社会史的に分析して、それが決してコロンビアに固有の歴史現象ではないこと、ましてやそれがコロンビア人の国民性に由来するものではないことを論証しようとしたものである。そのポイントは、一九五九年のキューバ革命後、コロンビアの知識人、学界にマルクス・レーニン主義の影響が強く浸透し、その著書等において、政治社会問題を階級対立として解釈してゲリラの行動を正当化する傾向が見られたこと、特に知識人の中で最も有名なノーベル文学賞を受賞したガブリエル・ガルシア・マルケスが、コロンビアの歴史的現象といわれるビオレンシア（英語の〝violence〟のスペイン語で市民戦争、内乱、政治的暴力、犯罪等を含む広い概念で用いられる）を、コロンビア人の残虐かつ暴力的な国民性によると説明したことが、コロンビアに関する誤った固定観念を生む原因となったという点である。確かに、一九八〇年代から一九九〇年代にかけて、コロンビアは、反政府武装ゲリラとの戦いと麻薬密売組織との戦いにより世界で最も治安の悪い国の一つとなったことは事実である。しかし、二〇〇二年に就任したウリベ大統領の民主的治安対策の効果もあって、現在では様変わりに治安が改善していることはあまり知られていない。

一方、二〇世紀から今日までのコロンビア経済の推移を見ると、コロンビアは中南米の国々の中で最も安定した経済成長を達成している。特に、二〇世紀後半から現在までのラ・ビオレンシア、反政府武装ゲリラとの戦争及び麻薬密売組織との戦いにより極めて治安の悪かった時期においてさえも、コロンビア経済は安定した平均五パーセント程度の成長を実現してきた。一般に国内に武力紛争を抱えている国の経済成長率は、極めて低いかマイナスになっていることが多く、直近の五〇年について経済成長率の成果の悪い一〇ヶ国をとると七ヶ国で国内における武力紛争が起きている。しかしコロンビアにおいては、国内紛争があっても経済は安定していた。このため、多くの研究者がこの現象を〝コロンビアの謎〟と称しているが、これはコロンビアのビオレンシアについての正しい認識に欠けるためであり、前述の拙著をお読みいただければ謎でもなんでもないことがご理解いただけると思う。さらに、コロンビアは、第二次世界大戦後ラテンアメリカ各国で誕生したポピュリズム政権を経験していない稀な国であり、そのためハイパーインフレーションを発生させることもなく、また軍事クーデターも経験していない。このような安定した経済運営の結果、ラテンアメリカ諸国で起きた一九八〇年代前半及び一九九〇年代後半の債務危機・通貨危機とコロンビアは無縁であった。

また、コロンビア社会はラテンアメリカ諸国の中でも貧富の格差が大きく、コロンビア政府が定めている「基礎的な生活水準」を維持できない世帯の割合は、最近相当改善されたけれども三〇・六パーセントと依然として高い。それにもかかわらず、現在の生活に満足している人の割合が九〇パーセントを超え世界で最も高い国の一つとなっている。この数字は、現在治安状況が改善した効果等も入っていると考えられるので、満足度の数字の解釈には注意を要するが、各種の調査結果が同じような満足度を発表しており、多くの国民が現在の生活に満足している国である。さらに、コロンビアは二〇世紀を通じてほとんど外国からの移民を受け入れなかった珍しい国であるが、人口がこの間十倍強に増加していることは、他のラテンアメリカ諸国と比べて特異な現象である。

最近の経済状況をみると、一九九七年のアジア経済危機や一九九八年のロシア危機を契機に中南米への資金流入が急減した影響で一九九九年にマイナス成長を経験したが、その後は順調な成長路線を続け、リーマン・ショック後もマイナス成長に陥ることなく、直近五か年の平均GDP成長率は四・八パーセントと力強い成長を維持している。

この本は、ラテンアメリカ諸国に属すコロンビア経済について、何故他の国々と違うパフォーマンスを示してきたのかという疑問を、コロンビアの政治、社会、経済の特異性から分析し、解明しようとする意図をもって書いたものである。

本書の構成としては、まず第一章では、コロンビアにおいて一五〇年以上続く保守党と自由党の二大政党制の起源と特徴及び一九九一年憲法による新しい政治体制の成立について触れ、ラテンアメリカ諸国に見られる専制政治がコロンビアに出現しなかった政治史の特質について述べる。第二章では、コロンビアの社会構造が生まれた歴史的過程について述べ、それがゲリラの出現と勢力拡大の背景となったことを説明するとともに、最近における社会的変化を概観する。第三章では、第二次世界大戦後のラテンアメリカ諸国の経済政策に影響を与えた輸入代替工業化政策について説明し、その政策からどのような帰結が生じたか主な国について触れるとともに、コロンビアの経済運営の歴史とその特徴を回顧する。第四章では、現代コロンビアの経済構造の基本を構築したガビリア大統領の包括的かつ抜本的な経済構造改革の試みの成果と未達成点を説明する。第五章では、最近の治安回復の基礎を築いたウリベ大統領の政策を紹介する。最後に、第六章では、コロンビアの特異性について、筆者の考え方を述べてみたい。

この本は、筆者の問題意識について、多くのコロンビアの知識人から教わったこと、コロンビアに関する書物を読んで発見したこと、議論を通じて自分なりの結論に達したことを踏まえ、我が国に不足しているコロンビア関係の情報を補完し、コロンビアの良さを紹介する目的で書いたものである。また、わが国の経済財政運営をみると、次第にポピュリズム的要素が濃くなっているように感じられ、改革が遅々として進まない状況にあるように思われるので、コロンビアの国民負担を求めつつ福祉水準を向上させてきた政治と自由主義的な構造改革の努力を紹介して、改革の規模とスピードを参考にしていただきたいという筆者の希望を込めている。

本書が僅かなりともコロンビアという国とその経済の姿の理解に資することになれば、これに勝る幸せはない。

なお、筆者が犯した誤りについて、ご指摘、ご叱正をいただければ幸いである。

序章　コロンビアの概要

一　人口、民族、地勢、歴史等

コロンビアは、南アメリカの北端に位置し、北はカリブ海、西は太平洋に面しており、カリブ海側に一六〇〇キロメートル、太平洋側に一三〇〇キロメートルの長い海岸線を持っている。東はベネズエラ、ブラジルと、南はエクアドル、ペルーと国境を接している。南米の国で、太平洋と大西洋の両方に面しているのは、コロンビアのみである。島嶼を除くと北緯一二度と南緯四度の間にあり、国土の南部を赤道が横断している（《図1》「コロンビアの地図」参照）。

面積は、一一三万八九一四平方キロメートルで日本の三倍強あり、また、国土のほぼ中央部をアンデス山脈が南北に走っている。アンデス山脈は、東部山系、中央

〈図1〉 コロンビアの位置

出所：『ビオレンシアの政治社会史』

〈図2〉コロンビアの地形

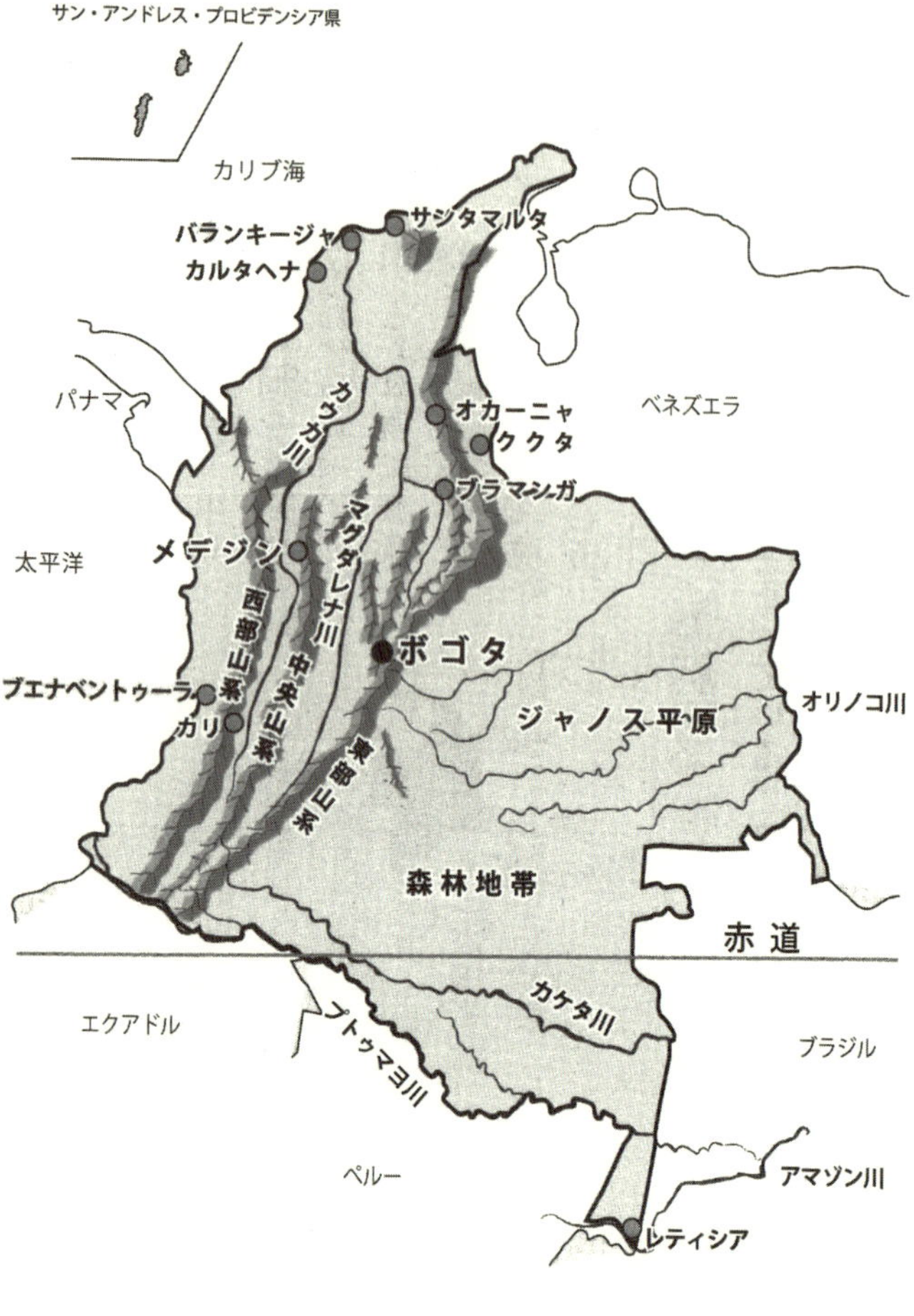

出所：『ビオレンシアの政治社会史』

〈図３〉コロンビアの県

出所：『ビオレンシアの政治社会史』

山系及び西部山系に分岐し、標高三千～五千メートル級の山が北のカリブ海から南部のエクアドル国境まで連峰している。また、東部山系と中央山系との間を南米大陸第四の大河であるマグダレナ河が、中央山系と西部山系との間をカウカ河が南から北に流れており、この山脈と大河が国土を東西に分断している。この三つの山系の中にコロンビアの三大都市であるボゴタ首都特別市（約七〇〇万人）、メデジン市（約二三〇万人）、カリ市（約二二〇万人）が存在する。国土の約四〇パーセントが高原地帯を含む山岳地帯、約六〇パーセントが平原及び森林地帯となっている。カリブ海沿岸には、バランキージャ市（約一一八万人）、カルタヘナ市（約九三万人）、サンタマルタ市（約三九万人）という港湾都市が点在する。これらの港は、コロンビアの内陸で産出した金の積出港として古くから栄えたが、特にカルタヘナ市は金の集積・保管地として、都市全体が海賊やイギリス海軍の襲撃を防ぐため城壁で囲まれており、現在世界遺産に指定されている。

気候は、カリブ海沿岸及び太平洋沿岸、カリブ海とボゴタ等内陸都市とをつなぐ主要交通ルートであるマグダレナ河の流域、東部山系の東側に広がるジャノス平原並びに南部の熱帯雨林地帯は、熱帯性気候で高温多湿であり、一方、アンデス山系は高原性の気候で、三大都市が存在する高度二千メートルから三千メートルの地帯は涼しく〝常春〟と呼ばれている。高地に主要な都市が発展したのは、赤道直下でも蚊がいないため、マラリア、デング熱、黄熱病等の熱帯病にかかりにくいという健康上の理由からである。

人口は、約四六〇〇万人で南米ではブラジルに次ぐ規模である。その約八〇パーセントがアンデス山系の高原地帯に住んでいる。人種構成は、白人と先住民の混血であるメスチーソが五八パーセ

マグダレナ河下流域の低湿地帯とアンデス東部山脈

ント、白人二〇パーセント、白人と黒人の混血であるムラートが一四パーセント、黒人四パーセント、黒人と先住民の混血であるサンボが三パーセント、先住民一パーセントと多様である。

コロンビアの歴史を簡略に辿ると、スペイン人が到来するまでは、インカ文明の影響下にあったチブチャ（Chibucha）語族を中心とする先住民が居住していた。多くの部族の中で代表的部族は、カリブ海沿岸に居住していたタイロン族とボゴタを中心に広く居住していたムイスカ族である。

現在のコロンビア領土にはじめて上陸したスペイン人は、コロンブスの第二回航海に参加したアロンソ・デ・オヘダ（Alonso de Ojeda）で、一五〇〇年にカリブ海沿岸のグアヒラ半島に到着し、一五二六年、サンタ・マルタに最初の植民地を建設した。このコロンビアの先住民にとっては征服者であるスペイン人の目的は、専ら黄金を求めることであった。スペイン人たちは、コロンビアの内陸部にエル・ドラード（黄金郷）伝説があることを知り、一五三六年四月、ゴンサーロ・ヒメネス・デ・ケサーダ（Gonzalo Jiménez de Quesada）を隊長とする探検隊を内陸の高原地帯に向け派遣する。この探検隊は、マグダレナ河を苦労して遡り病気や毒蛇等により八割の隊員を失いながら、一五三七年三月、ムイスカ族の住むボゴタ高地に到着した。ヒメネス・デ・ケサーダは、ムイスカ族の内紛を利用して支配権を獲得し、一五三八年にボゴタ植民地を建設して、この地域を自分の生まれ故郷であるスペインのグラナダに因んでヌエバ・グラナダ（「新しいグラナダ」という意味）と命名した。そして、黄金郷伝説が生まれた場所であるグアタ

サン・アングスティン遺跡の墳墓の石像

ビータ湖に辿り着いた。しかし、同時期に黄金を求めて派遣された二組の探検隊がボゴタでヒメネス・デ・ケサーダと遭遇することとなった。ベネズエラ側からオリノコ河を遡ってボゴタに到着したドイツ人のニコラス・フェデルマン（Nicolás Federmann）とエクアドル側からボゴタに到着したピサロの部下であるセバスチャン・デ・ベラルカサル（Sebastián de Belalcázar）である。ここにドイツ人が登場するは、スペイン国王が南米の探検資金に事欠き、ベネズエラの開発権をドイツの Welser 銀行に譲渡したためであり、これにより同銀行から委託されたフェデルマンが黄金を求めてボゴタ高地にやってきたという訳である。

この戦利品の分捕り合戦は、三者間での争いにはならずスペイン国王の調停に委ねられた。その結果、ヌエバ・グラナダは三者のいずれにも与えられず、直前に死亡したサンタ・マルタの総督の息子に与えられた。

Column

黄金郷伝説

グアタビータ湖は、ボゴタから北に五七キロメートルの地点にあり、海抜約三千メートルの高地にある隕石によりできた湖で、発見当時、湖の直径は約四〇〇メートル、水深は約一〇〇メートルであったといわれている。

ムイスカ族にとっては、この湖は、年に二回春分の日と秋分の日に、父なる太陽と母なる水に感謝の供え物を捧げる聖なる場所であった。伝説によるとその儀式は、全身を金粉で飾りつけた首長（黄金の人＝エル・ドラード）と祭司が筏に乗り、湖に漕ぎ出して黄金の腕輪や冠、エメラルドなどの供え物を湖に沈めるとともに首長も湖に飛び込むというものである。したがって、湖底には金やエメラルドがたくさん沈んでいると考えられていた。

一五六二年、アントニオ・セプルベーダは、八年の歳月をかけて先住民を使役して人力で湖岸を切り崩し、約四二メートル水位を下げて一万二千ペソ（当時一ペソ＝一ドル）相当の金を採取した。その後、一八二〇年、後に大統領になるフランシスコ・デ・パウラ・サンタンデールは、一六人の投資家を集めてファンドを作り、排水に挑戦したが成功しなかった。一八二三年、ホセ・イグナシオ・パリスとイギリス人のチャールス・スチュアート・コチュレインが湖底に近い位置から水平にトンネルを掘り進み水を抜こうと試みたが失敗した。一八二五年、スペイン人の会社が水深を約三〇メートルまで低下させて、一七万ドルの採掘権を支払うのに十分な金と七万ドル相当のエメラルドを採取した。一八七四年、イギリスとコロンビアの合弁ファンドが挑戦したが、失敗に終った。一九三二年、アメリカ人が潜水夫を潜らせて調査し、またイギリスとコロンビアの合弁ファンドが湖岸を爆破する作業を始めたが、政府がそれを禁止した。

現在グアタビータ湖は、人間の欲望による湖岸の破壊という無残な爪跡を残したまま静かに「黄金狩り」の歴史を伝えている。

写真は、一八五六年にシエチャ湖から探し出されたエル・ドラードの儀式を表わした黄金で出来た筏の細工である。

グアタビータ湖。左に切り崩し跡が見える

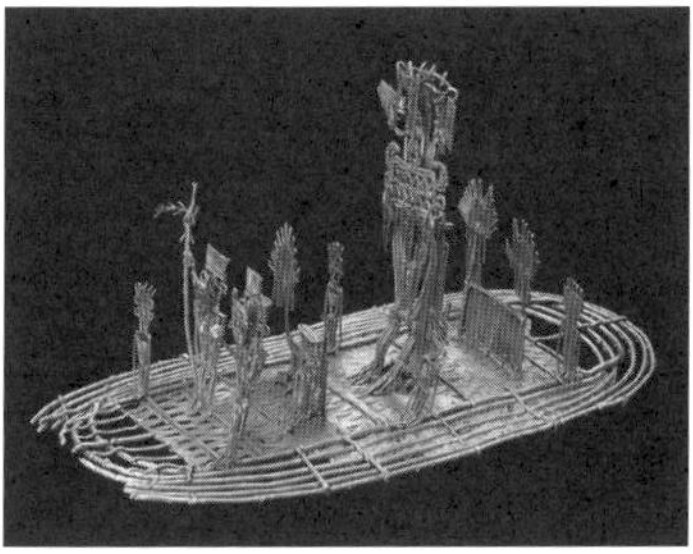

「黄金の筏」（コロンビア共和国銀行黄金博物館蔵）

コロンビアは、他の南米諸国と同じく、一八〇七年にナポレオンがスペインに侵入し自分の兄をスペインの国王に就けた後に生じたスペイン内乱中の一八一〇年七月二〇日に独立を宣言した。しかし、ナポレオンの敗北後、一八一五年に始まったスペインのレコンキスタ（再征服）により一八一六年、ボゴタは再びスペインの占領下に入った。パブロ・モリージョ将軍が率いる五千人のスペイン軍の独立解放派に対する厳しい報復により、一八一六年のボゴダ再占領以来、スペイン軍によるヌエバグラナダの政治家、軍人に対する処刑は三〇〇名を超えたといわれている。最終的に、一八一九年八月七日のボヤカの戦いにおいてシモン・ボリーバル率いる独立解放軍がスペイン軍を破るまでの独立解放戦争による死者数は、一〇万人から一五万人と推定されている。この独立解放戦争の死者数は、当時の人口約一三〇万人の七・七パーセントから一一・五パーセントに相当する激甚なものであり、当時の犠牲者がすべて男子であったと仮定し、男子の平均寿命が二五歳（経済学者カルマノヴィッツの推計）であった社会を前提とすると、概ね一五歳以上の銃を持った男性の二人に一人の割合で戦死したという計算になる。これは、コロンビアの歴史上最大の犠牲者割合である。ボヤカの戦いにおいてスペイン軍を破って、コロンビアの真の独立がやっと達成された。

コロンビアの国旗は、上半分が黄色、下半分が青と赤の帯状に区分された三色旗である。黄色は黄金を連想させ、コロンビアの富を象徴し、青は美しい自然の空と海を象徴し、赤は独立解放のためにコロンビア国民が流した血すなわち愛国心を象徴すると説明されている。

二　地理的条件と人口の動態

コロンビアの政治、経済、社会を理解するためには、まずその地理的条件、人口の動態及び社会経済構造を十分に認識しておく必要がある。

コロンビアの国土については、既に述べたとおり三本のアンデス山系と二本の大河が南北を縦断しており、国土は、太平洋沿岸部、カリブ海沿岸部、アンデス山脈の東側に広がるジャノス平原、南部の熱帯雨林地帯とアンデス山脈の内部の五つの地域に分かれる。従って、ベネズエラ側の東から太平洋沿岸に国土を横断しようとすれば、熱帯から高度三千五〇〇メートル級の雪山を越え、マグダレナ河の海抜レベルの熱帯に降り、再び高度三千メートルから四千メートル級の中央山系を越え、再びカウカ河流域まで降りて三度高度三千メートル級の西部山系を越え、熱帯の太平洋沿岸に降りる必要がある。このような地形により、国土は地域的に分断されており、交通手段の未発達とあわせて中央政府の統制が効かない時代が独立以来長期間続き、これが、伝統的に地方の自立性が強いという社会的特徴をもたらした。

また、政治的には、このような社会的な構造から、伝統的に地方政府の権力が強く、二大政党制の下で政党の地方組織が中央政府に代わって全国的機能を持った。このことは、政権交代があると、地方において政権政党と結びついていた社会的勢力が既得権益を失い、政権交代の度ごとに新旧勢

〈表１〉1778年の人口調査

（単位；千人、％）

地域	白人	インディオ	混血	奴隷	合計	構成割合
カリブ海沿岸	18.8	28.6	100.9	14.1	162.3	20.5
アンデス山系	182.4	107.5	256.4	41.2	587.4	74.1
うち　ボゴタ	(25.3)	(31.6)	(30.2)	(1.2)	(88.3)	(11.1)
ポパヤン	(20.9)	(27.3)	(30.8)	(18.7)	(97.7)	(12.3)
メデジン	(7.9)	(2.1)	(27.5)	(8.9)	(46.5)	(5.9)
太平洋沿岸	0.8	6.7	7.3	7.2	22.0	2.8
ジャノス平原	1.6	15.2	4.0	0.1	20.9	2.6
合計	203.5	155.2	368.6	65.2	792.6	100
構成割合	25.7	19.6	46.5	8.2	100	

出所；Salomón Kalmanovitz

力間で争いが生じる要因となった。

次に、人口は、スペインがコロンビアに入植した当時（一六世紀初め）は、インディオ（先住民）が約六〇〇万人いたと推計されているが、スペイン人が持込んだはしか、天然痘、インフルエンザ、チフス等の病気により、一六〇〇年には五〇万人程度までに激減している。一七七八年の人口調査によれば、人口は約七九万人で、白人二〇万人、インディオ一六万人、混血（メスティーソ、サンボ、ムラートの合計）三七万人、奴隷（黒人）七万人となっている（《表1》「1778年の人口調査」参照）。

《表2》「コロンビアの人口の推移」は、コロンビアの人口の推移と人口の伸率（年率）を国勢調査の結果に従って示したものである。これによれば、一九世紀の人口は、約一〇〇万人（一八〇〇年）から約四〇〇万人（一九〇〇年）と約四倍に増加しているものの、その人口規模は極めて小さい。ちなみに、日本の歴史で見ると、大宝律令、大化の改新の頃（七世紀中頃）の人口が約四五〇万人と推計（亀頭宏「人口から読む日本の歴史」）されているので、それよりも少ない人口であったことになる。

〈表2〉コロンビアの人口の推移

(単位：千人、%)

調査年	合計	男子	女子	伸率(年率)
1778	792.7			1
1825	1,299.3	600.7	628.5	
1835	1,686.0	875.7	809.8	
1843	1,931.3	924.5	1,007.2	1.9
1851	2,243.7	1,088.6	1,155.1	1.7
1870	2,916.7	1,420.8	1,495.9	1.4
1905	4,533.8			
1912	5,072.6	2,324.5	2,509.8	1.4
1918	5,855.1	2,749.4	3,105.7	2.2
1938	8,697.0	4,310.2	4,386.9	2.0
1951	11,548.2	5,742.1	5,806.1	2.2
1964	17,484.5	8,614.7	8,869.9	3.2
1973	20,785.2	10,242.7	10,542.5	3.0
1985	27,837.9	13,777.7	14,060.2	2.3
1993	33,109.8	16,296.5	16,813.3	2.2
2000	40,295.6	19,833.8	20,411.8	2.1
2005	42,090.5	20,891.6	21,198.9	1.8
2010	45,509.6	22,466.7	23,042.9	1.7
2014	47,661.8	23,531.7	24,130.1	1.3

出所：DANE、David Bushnell

(注) 男子と女子の計が合計と一致しない場合があるのは、軍隊の兵士を含まない調査年があるためである。

かつ、《表1》の地域別人口で明らかなように、人口の四分の三がアンデス山脈の高原地帯に住んでおり、沿岸部及びジャノス平原の人口は全く過疎状態にあった。

また、《表1》のアンデス山系の中の都市の人口を見ても明らかなとおり、古くから首都ボゴタが他の地方都市と比べて明らかに優位な地位を占めていた訳ではなく、二〇世紀に入ってからもメデジンやバランキージャなどの都市と大差がなかった。これが、地形の要因とあわせ、地方の独立性を高めて地域間の対立を激しくした一つの要因である。

一方、人口の急激な増加（一九世紀中四倍、二〇世紀中十倍強）により、高原地帯からジャノス平原、マグダレナ河流域等の低地や国境地帯への人口の移動が二〇世紀末まで継続した。幸い、二〇世紀後半までは、アンデス山系に所在する伝統的農場を除き、コロンビアの可耕地の大部分は未開墾地であり、増加した人口を養うための土地は十分に存在した。従って、農業の歴史は土地の占有と取得をめぐって周辺部に向けて展開した。特に一九世紀後半から二〇世紀初めのコーヒーブームの時期に、問題が多発した。零細農民は、所有権登記等の制度が十分整備されていない中で、土地紛争や訴訟に巻き込まれ、これが、国家権力、特に秩序維持のための軍隊と警察の不在（二〇〇一年時点でも、約二割の市町村に警察署がなかった）の中で武力による自力救済に走り、ビオレンシアに発展する原因となった。(注)十九世紀末の農業従事者の割合が約七割であったことを考慮すると、農業のフロンティアの拡大の過程が、コロンビアに特有のビオレンシアと重要な因果関係にあったことを理解することができる。

（注）サンタンデール大統領により共和制の基礎が確立した一八三二年から、ヌニェス大統領により中央集権的な憲法が制定される一八八六年までの間、コロンビアは外国からの侵略を経験しなかったこともあり、軍隊の兵士数は三千五〇〇名を超えたことはなかった。また、国家警察が創設されたのは、一八八六年憲法制定後、ヌニェス政権においてである。

三　コロンビアにおける日系人

日本とコロンビアは、日露戦争後の明治三八年（一九〇五年）五月二五日に「修好通商航海条約」を調印し、外交関係を開始した。その頃、商社の駐在員としてコロンビアに赴任してきた日本人もいたが、ここでは、現在コロンビアに居住する日系人のルーツを辿ってみることとする。

なお、コロンビアに日本の在外公館が開設されたのは、昭和九年（一九三四年）一〇月に公使館としてであった。

1. コロンビアへの日本人第一号

コロンビアに初めて足を踏み入れた日本人は、大正四年（一九一五年）にウシアクリという町にペルーから入った水野小次郎といわれている。塚田千裕元駐コロンビア大使の「外交フォーラム」の寄稿中に、バランキージャ市（カリブ海に面するコロンビア第四の都市）に住む「全く日本人の顔をしていない五～六〇〇名の日系人社会」と形容された日系人社会の歴史が述べられている。

広島県竹原市生まれの水野小次郎は、日露戦争後兵役を終えてからペルーへ移住するつもりで日本を発ったが、当時ペルーではコレラが蔓延していたため、パナマに移動し、そこで理髪店、雑貨店を営み安定した生活の基盤を築き、そして、同郷の道工利雄と安達俊夫の二名を呼び寄せた。しかし、水野は、頑固な胃病に悩んでいたようで、理髪店の客からコロンビアのバランキージャという大きな港町の近郊にウシアクリという聖水の湧き出るところがあるという話を聞き、日本人の集団移住が始まる一四年前に、コロンビアにやって来た。

実際にウシアクリで慢性の胃病が全快したことから、彼は道工と安達をパナマから呼び寄せ三人でウシアクリにおいて商売を始めた。三人ともコロンビア人の女性と結婚し、やがて商売の関係でバランキージャに生活の基盤を移した。

その後キューバやペルーからの再移住者や竹原市から呼び寄せた者を合わせて一三名がバランキージャの日系人の源流となっていく。

今から九〇年以上前にバランキージャに来たこれらの人々は、ほとんどコロンビア人と結婚してコロンビア社会に溶け込んでいったので、二世、三世の顔を見て日本人又は日系人と気づく人は稀である。現在六〇〇人程度の日系人社会が存在していることはほとんど知られていない。

筆者は、このバランキージャの日系人社会のことを塚田大使の文献で知り、二〇〇八年一〇月、バランキージャのノルテ大学で講演した機会を利用して、道工カオルはじめ七名の方と会うことができた。

道工カオルは、道工利雄の次男で、第二次世界大戦後、コロンビアのサッカーナショナルチームの主将を務めたが、朝鮮戦争の際、父祖の地を訪ねる機会があると考えて、南米で唯一国連軍に参加したコロンビア軍の海軍士官に志願し、休暇中に日本を訪問している。

バランキージャのカーニバル

また、筆者自身胃癌を患い、水野の経験が他人事とは感じられなかったので、講演会の日、早朝ホテルを出発して、バランキージャから三七キロメートル南西にあるウシアクリを訪ねてみた。人口約六千人のウシアクリの町は田舎の緑の多い美しい町で、女性の町長さんに迎えられ、聖水の現場に案内してもらった。現在ではほんのわずかしか湧き出しておらず、昔の面影をほとんどとどめていない状態であったが、わずかな湧水を口に含んでみたところ、日本で鉱泉といわれているような香りと味があり、水野達のことを偲ぶことができた。なお、バランキージャの日系人はそれぞれコロンビア社会の中で活躍しており、特に医者や大学の先生になっている方が多いように見受けた。

2. コロンビアへの「集団移住」の歴史と功績

(1) 小説「マリア」(ホルへ・イサック著)の世界を求めて

コロンビアへの集団移住の歴史は、アメリカ(一八八五年)、ペルー(一八九九年)、ブラジル(一九〇八年)の移民と異なり、とてもロマンチックな逸話から語られるのが特徴である。

それは大正一一年(一九二二年)頃、現在の東京外国語大学スペイン語部に在学中であった竹島雄三(明治三二年生まれ)が、コロンビア人作家ホルへ・イサックが書いた小説「マリア」を翻訳して、雑誌「新青年」に連載したことに始まる。

この「マリア」は、バジェ・デル・カウカ県のアンデス山脈の麓にあった大農場アシエンダ・パライソ(〝天国〟の荘)を舞台に展開する若き青年エフラインと美少女マリアとの淡き悲しき恋物語である。

この頃、夜間の「海外植民学校」の学生であった島清、中村明、西国徳次、松尾太郎らは、この小説を読み、舞台となったバジェ平原に魅せられた。そして、早速「南米雄飛会」を結成して、大正一二年（一九二三年）に農業実習生としてコロンビアに渡航し、サトウキビ製糖工場で、サトウキビの植え付け、管理、収穫、精糖等の作業に従事した。彼らは、一年後にコロンビアでの研修報告を拓務省に送付して、それぞれ新しい職場に分れて就いた。

当時、米国では、実質的に日本人移民を排斥するための「移民法」が成立（大正一三年）し、更に、ブラジル、ペルーなどでも「排日」運動が起きていたので、拓務省は新たな移民受入国の検討を開始していた。そこで、拓務省は、当時海外興業会社の社員となっていた竹島雄三と巻島得寿（農学士）にコロンビアの調査を命じ、大正一五年に約六ヶ月間の現地調査を行わせた。この調査の結果、バジェ・デル・カウカ県周辺のバジェ平原は日本人の移住地として最適であるとの結論に達し、昭和三年（一九二八年）、政府は、約八〇ヘクタールの土地を購入して農業移民十家族を「試験移民」として入植させる計画を決定した。

海外興業会社は、竹島雄三を現地の業務代理人に任命し、彼は、バジェ・デル・カウカ県の隣のカウカ県コリント郡ハグアル村に約一二八ヘクタール（うち三二ヘクタールは竹島の個人農場）の農地を購入する。そして、海外興業会社は、移住者一〇家族の募集を開始するが、当時日本人にコロンビアはなじみがなく、かつ一家族あたり最低千六〇〇円の準備金（三年分の生活費に相当）を条件としたため、応募が少なく、昭和四年（一九二九年）一〇月、第一次移住者五家族二五名で出発することになった。なお、当時のお金の価値は千円で家が一軒買えるほどだった。

この五家族のうち三家族が福岡県浮羽郡(現在の久留米市及び朝倉市)出身であったため、追加募集は福岡県で行われ、最終的には第二次移住(昭和五年)五家族三四名、第三次移住(昭和一〇年)一四家族百名、合計二四家族一五九名(うち一四八名〈九三パーセント〉が福岡県人)が集団移住した。

移住者は、当初陸稲栽培を目的としたが、収量が上がらず失敗し、その後、ソバ、綿花、ユカ芋、ジュート麻等を試みて、いずれもうまく行かず苦労した。最終的には、日本から持ち込んだウズラ豆で成功し、作物として定着する。移住者は、農機具を使用した農業生産方式をコロンビアに導入し、入植して八年後の一九三七年にはトラクター二五台を所有し耕作面積も当初の二倍半の二二七ヘクタールに拡大した。

(2) このような順調な規模拡大の中で、日系人移住者をめぐっていくつかの新たな状況が生じた。
その一は、移住地からの分散が始まったことである。ハグアル移住地の豆の収量は一ヘクタール当たり一二俵程度であったが、バジェ平原の中には三〇俵収穫できる土地があったこと、及びウズラ豆の作付けは連作障害が発生するため農地の更新が必要であったことから、次第に移住地から遠ざかり、移住地が消滅する原因になっていった。

その二は、一九三〇年代にファシズムが台頭する中で、米国はドイツが米国攻撃の基地としてラテンアメリカに接近するのではないかとの懸念を持ち、それが移住地にも影響を及ぼした。米国は、日本人移住者が、トラクターを使用して平坦でよく整地された耕地を所有していることから、これが短期間で滑走路に転換され、パナマ運河を攻撃する基地になる可能性があると疑った。事実、FBIは、日本人移住地について厳重な監視を行っている。

米国のドイツに対する疑いは今日では考えられない程徹底しており、一九一九年にコロンビアとドイツの合弁で設立された民間航空会社SCADTAを一九三〇年代に米国の協力で新たに設立された航空会社Aviancaに吸収させ、ドイツの影響力を完全に消滅させた。

さらに、第二次世界大戦勃発の三ヶ月後に、日本人移住者に対してコリント郡からの外出を禁止する措置がとられ、さらに、竹島雄三をはじめ移住地のリーダー一一名が、ドイツ人及びイタリア人の代表者とともにボゴタ首都区が所在するクンディナマルカ県のフサガスガ市に設けられた敵国人強制収容所（老舗のサバネタ・ホテルが収容所として利用された）に連行された。

その三は、昭和一六年（一九四一年）、第二次大戦勃発前に当時の大統領エドワルド・サントスがカウカ県訪問の際、日本人移住地を視察訪問し、昭和一一年（一九三六年）に開校された植民地学校に立ち寄った時のエピソードである。移住者や生徒は大統領と日頃勉強していたスペイン語で話そうとしたが、言葉が出て来ず、とても苦い経験を味わったことで、これを契機に移住地においてますますスペイン語の習得に熱心になった。

これらの様々な状況や出来事から判断すると、移住後比較的短期間で軌道に乗った日本人移住地の代表者達は、第二次大戦前の国際情勢の中で、米国及びコロンビア政府の厳しい監視の下で自分たちの移住地を守るために、日本語をできるだけ使わずにスペイン語で話すように努力し、コロンビアに同化しようとした。

このため、家庭においても、スペイン語の勉強に重点が置かれ、日本語の勉強が疎かになったと考えられる。

一方、戦後になると、子供達は学校では日本語の使用は禁止されていたものの、心ある親は家庭では日本文化を忘れないよう日本語を勉強させていたようである。しかし、昭和三一年（一九五六年）、日本から移住地を訪問した八名の大学生をもてなす会で、子供達が一生懸命日本語で話したところ、それが親から教わった「九州弁」であったため、大学生達から、そんな日本語は東京では使わないと嘲笑され、これが日本語に対する子供達の取り組みを挫いた。それ以降、二世、三世達は、日本人に対して日本語を話さなくなり、日本語を勉強する意欲を失ってしまうことになった。

（3）第二次世界大戦後、農業の本格的拡張が再び始まり、肥沃な農地を求めて移住者が移動・拡散し始めた。この結果、当初のハグアル移住地に残る家族は一家族のみとなり、次第にパルミラ市方面に借地が増えていった。

昭和二五年（一九五〇年）の日本人移住者の耕地面積は、五千ヘクタールを突破し、日本人は機械化農業の先駆者、勤勉・誠実、優れた栽培技術等の評価が定着した。

しかし、問題は、当時コロンビアがカトリック教を国教としていたため、出産、就学、結婚、遺産相続、葬儀等の手続きには教会の「洗礼証明書」、「教会結婚証明書」等がなければ何もできなかったということである。

一九五二年頃、ある移住者が危篤状態に陥った際、市内の墓地に埋葬するためには洗礼を受けなければならないことが分かり、急遽トリニダ教会のロペス神父に洗礼を依頼するという出来事があった。この後、移住者の間で、カトリック教への改宗が必要であるとの結論に達し、パルミラ市において、六〇名の集団洗礼と三〇組の教会結婚式が行われた。

その後、日本の広島教区から荻原カトリック司教が来訪し、パルミラ市の集団洗礼に参加しなかった人々に教義を説き、ほとんどの日本人がカトリックに改宗することとなった。

（4）戦後においても、移住花嫁をはじめとした約一八〇名の移住者が個別にコロンビアに入国している。

しかし、移住者の二世、三世は、日本人が少ない中でコロンビア人と結婚する者が多く、コロンビアに同化して生活しているので、これが日系人協会への入会を躊躇させる最大の要因になっていると思われる。

移住花嫁として戦後入国した方々の話を伺うと、日本が戦後の混乱の中で食べ物に不自由していた時代に、コロンビアは豊かで良い国に来たと思ったとの感想を述べている。また、昭和三〇年代初め、日本で初めてテレビが街の電気屋の店頭に飾られていた頃、コロンビアでは一般家庭にテレビと電気冷蔵庫があって驚いたという話も聞かせてもらった。

戦争の厳しい体験を克服し、農業を中心に日本人の評価を高めて来た敬老会の会員の皆さんは、年金制度に加入していないために公的年金を受給している方はほとんどいないが、しかし、皆悠々自適の生活を送っている。

今の若い日系人についてどのような印象を持っているか伺うと、農業を継いでいる人については、昔のウズラ豆のような手間をかける作物を栽培しているものはほとんどいなくなり、皆サトウキビの大規模栽培に転換して、誠に情けないという感想を述べていた。サトウキビは一回作付けすれば五年から八年は植替えをしなくても年に一回収穫でき、特にバジェ・デル・カウカ平原は常春の気候で肥沃であるので、あまり手入れしなくても一年中収穫できるという特性があり、粗放農業の典型と考えられている。これが、毎年種を播いてウズラ豆を育てた世代の方々から見ると我慢できない堕落した農業と映るようである。

3. 敬老会への出席

(1) 筆者は、毎年、カリ市に所在するコロンビア日系人協会会館で開かれる敬老会に出席した。コロンビアには一八〇〇名（推定）の日系人がいるが、その約七割がカリ市が県都であるバジェ・デル・カウカ県及びその近郊に住んでいる。敬老会の会員資格は、七〇歳以上の日系人協会の会員（コロンビア人配偶者を含む）及び会員外の日系人で、現在八〇名の方が登録されている。初めて訪問した時は、最長老の坂本ミヨシ（当時九五歳）をはじめ四〇名弱の敬老会会員とその家族の約一〇〇名及び日系人協会の婦人部の方々や日本語学校や天理日本語学校の生徒並びに来賓合計約二〇〇名が参加して、盛会であった。

その際、筆者は、出席した敬老会の参加者すべてが異国の地にあって幸せな老後を過していることを喜ばしく思う一方で、八〇年以上前にコロンビアへ集団移住して以降現在までコロンビアにおいて幾多の苦労を経験し、それを克服した歴史が敬老会の皆さんに刻み込まれていることをつくづくと痛感させられるいくつかの事柄に気づき、改めてお労いの必要性を感じるとともに、広く、日本の皆さんにも日本人移民の功績を知らせなければという思いを強く持った。

その一つは、敬老会の会員の皆さんの半分以上の方が日本語をほとんど話さないということである。

筆者は、日系人の若い人達が日本語が不自由であるという話は聞いており、日系人協会が運営している日本語学校の生徒も、今では日系人よりもコロンビア人の方が圧倒的に多いということは知っていたが、七〇歳以上の方は、子供の頃に移住した方か、コロンビアで生まれ一世の両親の下で育った方々だから、当然日本語が話せて、理解できるものだと思い込んでいたが、前述の理由から事実は全く違った。

まず、敬老会の式次第は、一枚の紙に日本語で書かれた面と、スペイン語で書かれた面の両面印刷となっており、司会者は、日本語と西語の二名が交互に式次第を読み進め、日系人協会会長や来賓の挨拶は、まず日本語で話した後で同じ内容をスペイン語で繰り返すことが必要となる。

その二は、ほとんどの皆さんがカトリックに改宗し、仏教、神道といった宗教と縁がないことである。ただ、天理教が戦後カリ市で布教活動を行っているが、未だ少数派にとどまっている。

その三は、日系人協会に個人会員として加入し、会費を払っている方が五九世帯、一四一名に過ぎないということである。カリ市及びその隣のパルミラ市を中心としたバジェ・デル・カウカ県で在留届を出している方々だけでも一七八世帯、四百四十五名いるので、加入率は三分の一以下の水準となっている。

その四は、筆者は、敬老会の皆さんが喜ぶと思って、お祝いとして日本酒を持参し、皆さんにお酌をして廻ったが、ほとんどの人が日本酒は知っているが、全くそれによって郷愁を感じることがないということだった。確かに最長老の坂本ミヨシがコロンビアに着いたのは二一歳の時だったということで、その他の皆さんはすべて未成年であったので、日本酒の味を知る人がいないのも当然と言えば当然のことだ。

（2）敬老会の運営は、主に二世の方々によって行われていたが、二世の方々は自分のアイデンティティをどのように感じているのか興味深いので、「コロンビア日系人移住七十年史」に所収されている日系人協会機関誌『日系コロンビア』に掲載された二つの文章を引用させていただく。

○「二世のアイデンティティ」小椋正雄氏

「大きく注目されるのは、『二世』たちのカルチュアル・アイデンティティである。彼らは、我ら一世からすれば気の毒な運命の人たちである。日本人の血が流れている立派な日本人であるが、日本語を話さず、コロンビア市民として永久にこの国に活動する二世たち。彼らは『日本人』であろうか、『コロンビア人』であろうか。彼らは彼ら自身の立場を深く検討して、何を得ているのだろうか。彼らの精神的根拠はどこにあるのだろうか。恐らく、彼らには、我々一世には到底穿鑿（せんさく）しがたい微妙な心の世界があろう。その世界から生まれる思想はどんなものであろうか。『コロンビアの日系人』はもはや自然老化消滅の運命にある一世たちではなく、コロンビアに深く根をおろして、無限の可能性をもつ二世、三世たちである。彼らに期待するのみである。」

○「二世に生まれた特典」増田ブランカ氏

「私が初めて夫と二人の子供と共に父母の国・日本へ旅行した時、アメリカ生まれとして紹介され、自分のアイデンティティについて自問しました。私は『アメリカ人？』と呟き、コロンビアでは『日本人』と呼ばれている私は一体何人なのだろう？　ある日、私は本当に何とも説明のしようがない孤独感と言おうか、悲哀感のようなものを抱き、全くのところ自分の足場がなくなったような、宙に浮いたような状態でした。このことは、私を深い眠りから目覚めさせ、自分自身について深く考えさせることになったのです。

永いこと考えに考え、結局『ああ、私はコロンビア人であり、同時に日本人の孫でもあるのだ』と。別に目新しくもない結論を確認し、今まで漠然として拠り所のなかったところから、まさしく『自分』というものを発見した思いで、『大切な宝を持っているのだな』と気付いたのでした。その宝とは、二つの大きな文化の持ち主だということです。一つは『古くから伝統ある豊かなもの』、もう一つは『新しくて自由なもの』です。
かつてヨーロッパ、アフリカ、アラブ、ユダヤ等の二世がそうであったように、私たち二世は同じくコロンビア国民ですが、『日本人二世』という特典を享受するためには、両方の文化と言葉を知ることが肝要だと気がつきました。」

第二次世界大戦後、移住地では日本語の授業がまったく行われていなかったが、戦後の移住者の中から、日系人子弟の日本文化、日本語教育の欠如を心配する機運が生じ、一九六八年に柴田稔さんら七名の有志がボーロ町の柴田農場の倉庫で日本語学習の日曜学級『ひかり園』を始めた。

一九九二年、ひかり園はカリ市に創設された日本コロンビア交流会館に移り、同会館の教育機関として「幼少年コース」と「成人コース」の二つの体制に整備されて今日に至っている。

代表的なコロンビア料理バンデハ・パイサ。チチャロン（豚の皮の揚げ物）、挽き肉、煮豆、プラタノ（バナナ）の薄切りなど

（3）本年は、第一次移住から起算して八六周年に当たる。日本人がコロンビアの農業の振興・発展に多大の功績を残したことは、とても有名であるが、その日系人の功績の一つの証左として二〇〇五年にウリベ大統領が日本を訪問し、小泉首相と会談した際に発出された「共同新聞発

表」の総論の一部分を書き記しておく。

「両首脳は、日本人移住者及び日系人が、コロンビア共和国の発展と進歩に大きく貢献していることに歓迎の意を表明した。日系社会は、コロンビア社会の評価および尊敬の対象になってきている。」

4. 敬老会出席のもう一つの目的

敬老会の二回目の出席には、もう一つの目的があった。それは、毎年日本からこの敬老会にわざわざ来られる白川澄嘉（当時八四歳）に会って、お話を伺うことだった。

白川は、敬老会会員名簿の年齢順で上から七番目に載っていて、立派な会員資格を持っているが、実は移住者ではなく、昭和三二年（一九五七年）に初代三井物産の駐在員としてコロンビアに赴任した方である。

前年の敬老会でお目にかかり話をした際には、とても上品な白髪の紳士という印象を受けたが、商社員であった方がこのご高齢で毎年コロンビアに来るのは、親しいコロンビアの友人でもいるためかと内心勘繰っていた。敬老会の終りに、「コロンビアでの体験を本に書きましたので、もしご興味があれば読んでみて下さい。」と淡々と話されたので、ボゴタに帰り大使館でその本を捜し出し読んでみた。その本は、「Espíritu Samurai en Colombia」（「コロンビアにおけるサムライ精神」）

という題名で、ボゴタにおける三井物産駐在員として、仕事の関係で世話になった竹島雄三と星野良治について、その仕事に対する商才と情熱及び高潔な人格や〝明治のリベラリスト〟としての生き方が、具体的なエピソードとともに語られている。

そして、白川が、カリ市において起業した陶磁器製造会社の経営をめぐり、大変苦労をし、銀行から融資を打切られた際に、日系人社会の方々の支援でその会社を再建した話も書かれている。筆者は、この本を読んで、白川は昭和三八年（一九六三年）から昭和四三年（一九六八年）頃カリ市の日系人社会の皆さんから受けた恩義に感謝するため、毎年日本から敬老会に参加し、友情を温めているのだと分かり、まさに白川こそサムライ精神を持った真の日本人であると尊敬の念を抱いた。

読後、白川に著書を読んで感銘を受けた旨の手紙を差し上げたところ、早速返事をいただいた。日系人社会を理解する上で参考になると思い、無断ではあるが一部を転載させていただく。

「拝復　お便り有難く頂戴致しました。

敬老の日は、皆様と楽しいお話が出来とても嬉しく思っております。足腰の立つ内は今後も毎年コロンビアに出かけたいと来年の六月を今から楽しみに致して居ります。

一九五七年十二月、私はボゴタに三井物産の事務所を開くべく赴任致しました。当時ボゴタには日本人は大使館の方々といわゆるボゴタの長老竹島雄三氏〈物産の代理店兼ＪＥＴＲＯ駐在員〈嘱託〉〉と星野ホルへ氏（農業）その他二〜三名の方々だけでした。

一方、カリ、パルミラには日系移民の方々が農業を営んで居られました。そしてコロンビアの人々の日本人に対する評価は、日本人は働き者だ、朝早くから夜遅く迄働き、真面目で正直だ、うそをつかない、我々コロンビア人は日本人をまなばなければならない、というものでした。戦後やって来た私達日本企業の駐在員は戦前やって来た日本の長老（カリ、パルミラの日本人の長老も含め）が作り上げたこの立派な名声を汚さないよう、夜他の日本人駐在員と一緒に町に出て、一杯やる時も、いつも気を使い注意したものです。現在の日本人駐在員の連中は如何ですか。

（以下略）」

第一章　二大政党制と一九九一年憲法

一　二大政党制の起源と特徴

コロンビアにおいて百五十年以上続く保守党と自由党の二大政党制の起源と特徴について、簡単に説明する。

この二大政党のルーツは、独立当時の政治指導者であるシモン・ボリーバル（Simón José Antonio Boliver Palacios、一七八三年〜一八三〇年）とフランシスコ・デ・パウラ・サンタンデール（Francisco de Paula Santander y Omana、一七九二年〜一八四〇年）の二人の政治思想の違いに遡るとされているので、まず、二人の政治家の政治思想を明らかにしてみたい。

シモン・ボリーバルは、ベネズエラ生まれで、一八一九年にコロンビア（当時は、ベネズエラとエクアドルを含む大コロンビアを指し、現在のコロンビア領土はヌエバ・グラナダが正式呼称）をスペインから解放した。コロンビアは、一八一〇年七月二〇日、独立宣言[注]を出し、執政評議会（Junta de Gobierno）を開設してスペイン国王の代理である副王を追放したが、一八一四年のスペイン独立戦争後、モリーリョ将軍が率いるスペイン軍に一八一六年再征服（レコンキスタ）された。この再征服されたコロンビアを一八一九年に解放したのが、シモン・ボリーバルである。シモン・ボリーバルは、コロンビアの他、ベネズエラ、エクアドル、ペルー、ボリビアを解放して、解放者（El〈エル〉Libertador〈リベルタドール〉）と呼ばれる。

ボゴダ・ボリーバル広場に面した国会議事堂

（注）ボゴタ市の中心にあるボリーバル広場の東北の角に「7月20日博物館」があり、この宣言のコピーが展示されているが、そのタイトルは「革命宣言（Acta de Revolución）」である。

一方のサンタンデールは、コロンビア東北部のベネズエラとの国境の町ククタ出身のコロンビア人であり、一八一九年八月七日のボヤカの戦いにおいてコロンビア側の将軍としてボリーバル軍とともに戦い、スペイン軍主力を打ち破った（この戦勝日が大統領就任式の日となっている）。

このボヤカの戦い以後のシモン・ボリーバルとサンタンデールとの関係を、年代順に記述していきたい。

一八一九年、シモン・ボリーバルは、現在のベネズエラのアンゴストゥーラ（現ボリーバル市）で議会を開催し、ベネズエラ、ヌエバ・グラナダ及びエクアドル（この三ヶ国は一七三九年にペルー副王領より分離して設置されたヌエバ・グラナダ副王領に属していた）から成るコロンビア共和国（今日のコロンビアと区別するため大コロンビア共和国と呼ばれている）を発足させ、大統領に就任した。なお、エクアドルは当時依然としてスペインの支配下にあったが、制度上は三地域に地域別副大統領を置き、サンタンデールはヌエバ・グラナダの副大統領となった。一八二一年、コロンビアのククタで第二回コロンビア議会を開き、アンゴストゥーラ基本法を改正して、首都をボゴタに移すとともに地域別副大統領制を廃止して、サンタンデールを唯一の副大統領に選任した。

同年六月二四日、カラボボの戦いでスペイン軍をベネズエラから完全に排除した後、ボリーバルは、エクアドル、ペルー、ボリビアの解放のための戦いである「南方作戦」を開始し、大統領は戦場を、サンタンデールは大統領代理として行政と解放戦争遂行のための資金調達を担当するという体制がとられた。この時、ボリーバル三八歳、サンタンデール二九歳という若さである。

一八二五年にボリビア（この国名はボリーバルの名前に由来している）を解放した後、ボリーバルは自らの政治思想を強く反映したボリビア憲法を起草している。その憲法は、大統領は終身制で後継者を指名する権限を有し、法的にはその権限は限定されるが実質的には広範な影響力をもつという制度で、米国フロリダ大学名誉教授のデビッド・ブシュネルはローマ時代の初代皇帝ユリウス・カエサル・アウグストゥス（紀元前六三年～紀元後一四年）の考えたシステムと共通点が多いと指摘している。

一八二六年末にボリーバルがボゴタに帰還した当時の大コロンビア共和国は、長期の解放戦争遂行のために戦費の負担が重く、またそれまでのスペインからの輸入が途絶えて物価が高騰する一方、イギリスや北アメリカからの綿製品の流入で地場産業が大きな被害を受け、国民の生活が悪化する状況にあった。エクアドルは中央政府の重要ポストが得られなかったことで不満をつのらせた。また、ベネズエラはサンタンデールが重要な公職についてベネズエラ人を差別し、また宗教の自由を認めているとして、大コロンビア共和国からの分離運動を起こし始めていた。

ボリーバルは、このような状況に対処するため、ククタの西一〇〇キロにあるオカーニャで一八二八年に憲法制定会議を開催することを決め、分離運動を抑制しつつ自分が理想とする大統領の影響力を強める憲法改正を行おうとした。

しかし、一八二八年四月、オカーニャで始まった代表者会議では、ボリーバルの思想に賛同する追従派（Los Serviles）とサンタンデールの自由主義的思想に賛同する自由派（Los Liberales）が真っ向から対立した。

追従派は、中央政府の権限強化を目指し、大統領の任期を八年に延ばすとともに、大統領に立法者としての権限と戦時の特別権限を与える等を内容とする改正案を提出した。これに対し、自由派は、中央政府の権限をできるだけ小さくすることを目指し、大統領の任期を四年とし、行政府の権限を縮小する、地方政府を強化して連邦制とする、また裁判官を公選制にする等を内容とする改正案を提出した。

ボリーバルは、オカーニャの南方一五〇キロのブカラマンガに滞在して会議を指揮していたが、採決に持ち込めば自由派の改正案が通るという見込みとなったので、六月一〇日、追従派の代表者全員を会議から退場させ、定足数不足による採決阻止を図った。

その二ヶ月後の八月、ボリーバルはサンタンデール副大統領を解任するとも、ククタ基本法を停止し、それに代わる「組織法」を公布して、議会のすべての権限を握る独裁体制を確立することに成功した。

その一ヶ月後の九月二五日、サンタンデール派のペトロ・カルッホ少佐等によるボリーバル暗殺計画が実行されるという事件が発生した。ボリーバルは愛人であるマヌエラ・サエンスの機転でボゴタの中心部にあるサン・カルロス宮殿から脱出することに成功し、この計画は失敗に終わった。この結果、一四人の共謀容疑者が処刑され、サンタンデール自身も一審で死刑判決を受けた。しかし、サンタンデールが共謀に参加した証拠がなく、また、彼がボリーバルの暗殺に反対したという証言が出て来て、最終的にボリーバルが死刑を国外追放に減刑した。また、多くのサンタンデール派の人間が国外追放や流罪に処せられた。

サンタンデールは、一八三二年七月に帰国するまでヨーロッパ各国や米国で亡命生活を送り、同年五月にニューヨークで、ヌエバ・グラナダ共和国の大統領に任命されたという知らせを受け取っている。

シモン・ボリーバルの政治思想

ここで、シモン・ボリーバルの政治思想を箇条書きにまとめてみることにする。時代背景としては、アメリカ合衆国の独立（一七七六年）、フランス革命（一七八九年）、ナポレオン・ボナパルトのスペイン侵攻（一八〇七年）等の動きの中で、ヨーロッパの啓蒙思想にも大きな影響を受けつつ、ラテンアメリカの社会・文化の独自性をも考慮して形成されたものである。

（1）英国型の立憲君主制は、スペインがラテンアメリカを再び征服する足掛かりとなり得るので採らない。アメリカ合衆国憲法を模範とした共和制が望ましい。

（2）しかし、合衆国憲法の連邦制は、国土の状況及び社会構造等から適当ではなく、強力な中央集権体制が必要である。

（3）大統領は強い広範な権限を有し、かつその任期は終身制が望ましい。

（4）社会の秩序を維持していくためには、カトリック教会の権威を擁護する必要があり、教会の既得権益を保護する必要がある。

（5）外交的には、ラテンアメリカをアメリカ合衆国の排他的権益圏と主張するモンロー宣言（一八二三年）に警戒感を抱き、パナマ会議を招集（一八二六年）して、ラテンアメリカ諸国の独立の承認を国際的に働きかけるとともに、ラテンアメリカ諸国を一つの政治的組織に統合することを志向(注1・2)する。

（注1）パナマ会議は、現在の米州機構（ＯＡＳ）の原型である。この会議には、ハイチを除く米州各国が招待されたが、ボリーバルは、アメリカ合衆国とブラジルを招待しなかったため、副大統領のサンタンデールがこの二ヶ国を招待した。米国はこの会議に参加すべきかどうか国内の調整に手間取り、また代表の一人が旅

行中に死亡して会議には参加できなかった。

（注2）独立戦争の過程で、コロンビア、ベネズエラ及びエクアドルから成る大コロンビア共和国として独立するのか、単独の国家として独立するのかの議論があったが、最終的にはボリーバルの影響の下に、大コロンビア共和国として統一された。なお、この背後にあった経済的要因としては、ボリーバルが目指した南米諸国の独立解放戦争の遂行に必要な戦費調達のための国際借款について、英国の投資家が大コロンビア共和国という統合体でなければ応じなかったという返済支払い能力の問題があった。というのも、当時の単独のヌエバ・グラナダの人口は約一三〇万人で、一つの国家としては小さ過ぎロンドン市場での外債の起債は困難であったためである。

シモン・ボリーバルの肖像（大統領府）

一八二二年にロンドンの外債市場における大コロンビア共和国の最初の起債は、クーポン六パーセントで、発行価格は八四パーセントであった。この条件は、同年に起債したチリのクーポン六パーセント、発行価格七〇パーセントより約一四三ベーシス好条件であり、一八二四年に起債したブラジルとほぼ同じ、アルゼンチンよりやや上回っている。

(6)ボリーバルは、ベネズエラ屈指の大土地所有者の家に生まれ、奴隷を使用した大規模プランテーション経営家出身であったが、啓蒙思想とフランス革命の「自由、平等、博愛」精神に基づき、また、独立戦争の過程で、黒人国家として独立したハイチの支援を受けたことにより、一八二一年に最初の奴隷解放令を発布した(注)。

(注)ボリーバルは一八二八年八月から独裁体制に入り、サンタンデール副大統領の下で実施された多くの政策を廃止したが、ボリーバルの支持層に大土地所有者が多かったにもかかわらず、奴隷解放の措置だけは戻さなかった。

ボリーバル大統領の独裁政治は、サンタンデール派を抑圧したことにより地方が反乱を起こし、またペルーがエクアドル南部のグアヤキルを占領する戦争を開始し、さらに、一八二九年にベネズエラが大コロンビア共和国からの分離独立を決定したこと等により行き詰まり、一八三〇年一月に憲法改正のための会議を招集することになった。しかし、この会議は、逆にボリーバルの独裁体制を覆す結果になり、三月ボリーバルは大統領を辞任し、ヨーロッパに亡命するためにボゴタを去った。なお、その途中の一二月、病気が悪化してカリブ海沿岸のサンタ・マルタで没した。また、この憲法制定会議中にエクアドルが分離独立を決定した。

一八三〇年、憲法改正後もボリーバル派とサンタンデール派の対立が続き、一八三一年にサンタンデール派により新たな憲法制定会議のための選挙が行われ、ヌエバ・グラナダ共和国憲法が制定された。この憲法は翌年施行され、海外亡命中のサンタンデールを不在のまま大統領に選出することとした。サンタンデールは、一八三二年九月に帰国し、暫定大統領に就任後、新憲法に基づく選挙を実施して、一八三三年、正式に大統領に就任した。

サンタンデールの政治思想

次に、サンタンデールの政治思想をボリーバルと対比して箇条書きにまとめると次のようになる。

(1) 政治体制としては共和制を支持する。

(2) しかし、一八世紀のヨーロッパを風靡した〝レッセ・フェール〟の影響から、中央政府の権限はできるだけ限定し、地方政府に多くの権限を認める連邦制が望ましい。

(3) 大統領に強い権限を与えることには反対であり、かつ任期も四年で再選を認めない。

サンタンデール自身、一八三七年に一期で大統領を退き、後任候補としてホセ・マリア・オバンドを応援したが、大統領選挙で対立候補に敗れた。一九世紀前半のラテンアメリカの政治において、選挙で現政権が応援した候補が敗れるということは異例であり、さらに政権交代が平穏に行われたという事実は画期的なことであった。

このように、サンタンデールは、法治国家の確立を目指した行政執行者であって専制的政治家を嫌った。

サンタンデールの肖像

（4）カトリックとの関係では、信教の自由を認め、新教の布教活動も認めた。また、当時教育はカトリック教会の独占事業であったが、公立の小学校を設置し、教育内容もイギリスのジェレミー・ベンサムの哲学を教科に加えるなどカトリック教会から見れば〝異端〟教育を行った。カトリック教会の既得権益を見直し、司祭の裁判特権（世俗の裁判権の免除）の停止、教会の十分の一税の廃止、〝教会保護権〟（ローマ教皇とスペイン国王の間で締結された合意で、国王はカトリックを保護する代わりに国内の聖職者の人事権を持つというもの）の立法化による人事への介入、修道院の廃止（注）等の措置を実施した。

（注）一八三九年、パスト地方の修道院を廃止する法律を契機として、翌年から「最高権威者の戦争（Guerra de Los Suplemos）」と呼ばれる反乱が発生した。この争いは、政治的ビオレンシアの典型であるが、元々は宗教的要因が発端である。

サンタンデールの大統領としての仕事振りは、副大統領時代と同じように、憲法と法律の文言に忠実に行政を執行するという能吏型であった。例えば、限られた財源の中で、財政赤字を極力出さないようにするため、当時予算科目中四六パーセントから五一パーセントを占めていた軍事費の削減に取り組み、また議会が植民地時代の税制の遺物である売上税の廃止法案を可決した際には、財政規律維持の観点から拒否権を発動している。なお当時の軍隊の規模は、兵隊の数が三千三〇〇人で全人口が一六八万六千人（一八三五年国勢調査）であるので、千人当たり約二人と他のラテンアメリカ諸国と比較して決して大きいものではなかった。

サンタンデールは、ボリーバル派の人物を彼の政府から徹底的に排除したので、それが後に選挙で大統領の座を獲得したグループが公職を独占するという慣行を生み、俗称「与党（partido ministerial）」という言葉が使われるようになった。一八四八年、ボリーバル派の大統領であるトーマス・シプリアーノ・デ・モスケーラ時代に、ボリーバル派が保守党を結成し、これに対抗してサンタンデール派は自由党を正式に名乗り、これ以来二大政党制が一五〇年以上続くことになった。

両党の違いを厳密に定義することは容易ではないが、大コロンビア共和国時代からのボリーバルとサンタンデールの対立やその後の両派の対立から、以後の両党の論争点は概ね共通している。因みに、ガルシア・マルケスは「百年の孤独」の中で保守党と自由党の違いについて、次のように登場人物に語らせている。「自由党はフリーメイソンの会員で、坊主を縛り首にし、民事婚と離婚の制度を取り入れ、庶子にも嫡出子と同一の権利を認め、中央政府からその権利を剝奪する連邦制にすることを主張しているならず者の集まりだった。それに引きかえ、神から直接その権威を授かった保守党は、公共の秩序と家庭道徳の保持のために努力している。それはまた、キリストの信仰と権威の原則の護持者であり、国が多くの自治体に分裂するのを容認していない。」（新潮社　鼓直訳）。一般国民が自由党と保守党について持つイメージが良く表現されていて興味深い。

なお、コロンビアの政治史上一九世紀半ばから二大政党が定着しているが、制度上他の政党の出現を抑制してきたわけではない。例えば、一八五六年の大統領選挙では、保守党の元大統領トーマス・シプリアーノ・デ・モスケーラ（Tomás Cepriano de Mosquera）が国民党を結成して出馬し、また、一九二〇年代中頃に「革命社会主義党（ＰＳＲ）」が創設され、それが一九三〇年に共産党に改組された。更に、一九六一年に軍事政権の大統領であったグスタボ・ロハス・ピニージャが結成した「全国人民同盟（Alianza Nacional Popular 略称ＡＮＡＰＯ）」が一九七〇年の大統領選挙で善戦し、また、一九八五年にゲリラ組織ＦＡＲＣが、「愛国同盟（Union Patriótica 略称ＵＰ）」を結成した。しかし、いずれの政党も長期にわたって大きな影響力を持続することができなかった。

諸国で見られるが、二〇世紀末まで続いたのは、コロンビアのみである。その理由について意見の一致があるわけではないが、親教権主義と反教権主義の二極化というカトリック教をめぐる対立点が、二大政党を維持する要因となったという見方が有力である。

このコロンビアの二大政党制は、一九九一年憲法において政党要件が緩和されたことにより終馬を迎えた。例えば、二〇一〇年の大統領選挙では、九つの政党が候補者を出して選挙戦を闘い、得票が最も多かった候補の得票率が五〇パーセントに達しなかったため、上位二人の候補による決選投票が行われて、国民統一党党首のフアン・マヌエル・サントス・カルデロン（Juan Manuel Santos Calderon）が大統領に当選した。

二　一九九一年憲法の制定

保守党と自由党の二大政党制の下で、政権交代が発生すると政権党の党是に即した憲法改正が一般的に行われた。

自由党のセサル・ガビリア（César Augusto Gaviria Trujillo 一九九〇年～一九九四年在職）は、一九九〇年八月七日に大統領に就任すると、直ちに同月二十四日、憲法制定会議大統領立法政令を発布し、一八八六年に保守党により制定された一八八六年憲法の全面改正に着手した。

憲法改正の内容に入る前に、まず、セサル・ガビリアの経歴を紹介したい。

セサル・ガビリアは、一九四七年、リサラルダ県ペレイラ市生まれである。ロス・アンデス大学経済学部を卒業後、リサラルダ県企画局長、国家企画庁（ＤＮＰ）長官顧問、ペレイラ市長、経済開発省次官等を歴任し、一九七四年に下院議員に当選した。一九八三年には、三七歳で下院議長に就任し、一九八六年から自由党のバルコ政権の下で大蔵大臣、一九八七年から一九八九年まで内務大臣を務めている。一九八八年には内務大臣として憲法改正に挑戦したが、最高裁判所が憲法改正手続きについて違憲判決を出して改革は失敗した。その後、自由党の有力な大統領候補である上院議員のルイス・カルロス・ガラン（Luis Carlos Galan）の選挙責任者になり、選挙マニフェストの作成を担当する。その際、自由党内に若手による〝スイスクラブ〟というグループを作り、ガラン候補の政策を総合的かつ一体的に練り上げた。このメンバーはすべてロス・アンデス大学卒業者で、その後米国か欧州の有名大学院を卒業し、また、政治活動の経験はなく、従来のエスタブリッシュメントではないという新進気鋭の若者達で、代表者はルドルフ・オメスという経済学者（後に大蔵大臣に就任）であった。

このような状況の中で、一九八九年八月一五日、ガラン候補が麻薬密売組織メデジン・カルテルに雇われた刺客によって射殺されるという事件が起きた。ガランは、コロンビアの政治制度の改革と麻薬密売組織に対する極めて強硬な政策を訴えていたため、メデジン・カルテルの標的になった。なお、ガランは経済政策については、後に述べる輸入代替工業化と政府の高度の介入を支持する自由党の伝統的立場に立脚していたが、一九八七年から一年間英国に滞在してマーガレット・サッチャー政権の経済改革を学んで以降、経済の近代化と国際競争への市場開放論者となり、自由党内の新自由主義派のリーダーとなっていた。

一九八九年一〇月三〇日のガランの葬儀の席上、ガランの長男からセサル・ガビリアに新自由主義派のリーダーを継承するよう突然の要請があり、急遽自由党内の大統領候補選挙に出馬することになった。

当時、ガビリアは四二歳で最も活動的な年齢であった。一九九〇年の大統領選挙は、パラミリタリー（民兵による準軍事組織）と麻薬密売組織のテロ行為により、自由党のルイス・カルロス・ガラン、UP（愛国同盟）のベルナルド・ハラミージョ・オサ、M－19のカルロス・ピサロの三大統領候補が暗殺され、また自由党内の大統領候補であったエルネスト・サンペーは負傷する等特に血なまぐさいものであり、大統領候補になること自体まさに命がけの決断であった。

次に、セサル・ガビリア大統領の就任前のコロンビアの政治、社会の状況を概観しておくこととしたい。

政治状況

一九四八年四月九日、自由党の大統領候補でありポピュリスト政治家として人気の高かったホルヘ・エリエセル・ガイタン（Jorge Eliécer Gaitán）が、ボゴタで米州機構（OAS）設立のための汎米会議が開かれている最中に、市内で暗殺された。この事件は、直ちに一般大衆の抗議行動を引き起こし、これが、ボゴタ騒動（Bogotazo）と呼ばれる暴動を引き起こし、さらに全国的な大暴動に発展した。この事件を契機として、コロンビア政治史上最大のラ・ビオレンシア（La Violencia）が発生し、この解決のため、二大政党間で政治的妥協として国民戦線協定が結ばれた。

この国民戦線協定（一九五八年～一九七四年）による大統領の二大政党間の交代制及び公職の二大政党間での平等配分という体制は、一六年間で終了したが、その後も実質的な二大政党による公職の平等配分等の慣行が続いた。国民戦線協定体制が、ラ・ビオレンシアを終息させて社会の秩序回復を達成し、経済成長を高める効果を持ったことは一つの大きな成果であったが、他方で、国会における議決要件として、手続的事項を除き三分の二の多数を必要としたことから、少数派の意見が汲み上げられず、重要事項の決定が困難となった。二大政党が政権を争っていた時代のような政治的論争がなくなり、有権者の政治に対する関心が低下した。むしろ、選挙民と政治家との間に伝統的に存在した利益誘導的関係(clientelismo)の要素が強まり、経済成長の成果の分け前獲得競争が政治家の主たる活動となった。さらに国会における政策論争の低下に伴い、各種圧力団体の国政への干渉が大きな影響を及ぼすようになった。この国民戦線協定という政治体制が、一方で反政府ゲリラ組織の出現の温床となるとともに、他方で他のラテンアメリカ諸国にみられた都市の労働者階級と結びついた大衆迎合的ポピュリスト政党の誕生を阻止する要因となった。

二大政党制の下での国民戦線協定の負の遺産を清算し、国民各階層のニーズを政治に反映させ、〝閉ざされた民主主義〟を〝開かれた民主主義〟に改める必要性が認識されるようになった。

社会状況

一九八〇年代は反政府ゲリラ組織が勢力を拡張した時期であり、FARCは前線数を急速に増やし全土に勢力を浸透させる勢いであり、M-19は都市を中心に派手な攻撃を続け、ドミニカ共和国大使館占拠事件や最高裁判所の襲撃事件を起こし、社会不安をかき立てた。

また、反政府武装ゲリラ組織に対抗して自衛組織として誕生したパラミリタリー(民間の準軍事組織)が全国各地に組織され、ゲリラグループと抗争するのみならず、ゲリラシンパと目される一般市民をも標的にテロ活動を行い市民社会の脅威となるとともに、麻薬密売組織と結びついて農村から農民を追い出して大量の国内避難民を発生させた。

さらに、一九八〇年代はコカインのメデジン・カルテルが本格的にテロ活動を始め、一九八四年のララ法相の暗殺後政府とメデジン・カルテルは全面対決状態に入っていた。また、一九八九年のメデジン・カルテルによる自由党のルイス・カルロス・ガランの暗殺を契機としてバルコ政権はメデジン・カルテルに対して宣戦布告を行い、以後仁義なき戦いが繰り広げられた。

このようなゲリラ組織、パラミリタリー、麻薬カルテルによるテロ行為により、一九八〇年代末のコロンビアは、世界で最も治安の悪い国の一つとなった。

ガビリア大統領が最初に挑戦したのは、保守党が制定した一八八六年憲法の全面改正であった。ガビリアは、国民戦線協定の負の遺産を撤廃するには憲法改正以外に方法がないと確信し、一九八八年バルコ政権の内務大臣として憲法改正に精力を注いだ。しかし前述のとおり、一八八六年憲法が、その改正手続を国会の発議に限っていたことから、最高裁判所は、政府提案による改正を違憲と判断した。当時の国会の状況は、保守党が憲法改正に消極的であった（一八八六年憲法は、保守党が制定した憲法）ため、ガビリアの挑戦は失敗に終った。

その後、ルイス・カルロス・ガランの暗殺事件に対して、ボゴタの大学が組織した〝沈黙の行進〟を契機として憲法改正についての議論が高まり、一九九〇年二月六日付エル・ティエンポ紙において、フェルナンド・カリージョは三月に実施される国政選挙において政治改革等についての憲法改

ボリーバル広場に面した最高裁判所。M-19の襲撃後に再建された

正の可否を国民に問うてはどうかという提案を行った。この提案について、選挙管理当局はそれを選挙の投票用紙に含めても選挙は有効であると決定してこれを実施した。この〝七番目の投票用紙〟の結果は、憲法改正に国民が正当性を与えるものとなった。

ガビリアは、就任直後の八月二四日、憲法制定会議に関する大統領の立法政令を公布し、憲法制定会議の目的、構成及び議員の要件等を公表した。これに対して、最高裁判所は、最終的妥協として大統領の立法政令の一部を否認したものの憲法制定会議により憲法を改正することを合憲と認めた。

ガビリアは、この憲法制定会議に反政府ゲリラ組織が参加するように呼びかけを行い、FARCとELNはこれを拒否したもののの、EPL、MAQL及びその他の小規模グループがこれを受け入れた。

一二月に実施された憲法制定会議の議員選挙（定員七〇名）においては、自由党二五名、民主行動M―19（AD M―19）一九名、保守党から分離した国家救済運動一一名、その他一五名となった。AD M―19は、元ゲリラ組織のM―15が武装解除して政党を組織したもので、元ゲリラメンバーが二七パーセントを占めたことは誰も予想しなかった結果であった。他の元ゲリラ組織のメンバーは、議決権はなかったが発言権を与えられて、議論に参加した。憲法制定会議は、自由党からオラシオ・セルパ、AD M―19からアントニオ・ナバロ・ウォルフ、右派からアルバロ・ゴメス・ウルタードの三人の共同議長が選出され、共同議長の合議により運営される建前であったが、最大勢力の自由党が過半数をとることができなかったため、会議においてはゲリラ出身のナバロ・ウォルフが決定的なイニシアティブを執ったといわれている。

憲法制定会議は、一九九一年二月五日から審議を始め、同年七月四日、本則三八〇ヶ条から成る新憲法が施行された。一九九一年憲法は、一八八六年憲法から起算して約百年ぶりの全面改正であり、その見直しは広範に及んだが、ここではガビリア政権の四つの挑戦に主として焦点を当てて、その特徴を列挙してみたい。

（1）政治システムの改革

まず、政党要件を得票数五万票以上又は下院の議席を確保した場合に緩和し、一五〇年以上続いた二大政党制の解消を図った。

次に、司法権の強化のため、刑事事件の捜査、起訴等を行う行政上及び予算上の自治権を有する検察総庁を創設するとともに、普通裁判所の他に行政事件を担当する行政裁判所と憲法の条文の解釈及び適合性を担当する憲法裁判所を創設した。

さらに、地方公共団体の権限を強化するとともに、県知事の公選制を導入（市町村長の公選制は一九八六年に導入済）した。また、県、市町村が所掌すべき事務に要する財源を措置するための一般分与制度を創設し、地方自治の強化を財政面から担保した。

（2）経済改革

経済改革はほとんど法律事項であるが、憲法において、中央銀行である共和国銀行の独立性を定め、その目的として「通貨の購買力の維持」すなわち通貨価値の安定を定めた（憲法第三七三条）。ただし、政策委員会を構成する七名の委員のうち一人は大蔵大臣が就き、政策委員会の議長を務めることと定められている。（しかし、政策運営については、ラテンアメリカ諸国の中で最も独立性が高いと評価されている）

また、財政については、大統領は就任後六ヶ月以内に、中期の経済運営の方針と公共投資計画から成る国家開発計画を策定して国会に提出し、また、毎年度の予算は、この国家開発計画に対応したものとしなければならないことを定めている。

さらに、国から地方へ一般分与制度（日本の地方交付税に相当する制度）を通じて配分される財源は、教育と医療に優先的に充てられ、その額は過去四年間の国の経常歳入の伸び率の平均と同率以上で増額することとされた（憲法第三五七条）。

（3）麻薬マフィア対策

バルコ政権は、一九八九年八月のルイス・カルロス・ガランの暗殺後メデジン・カルテルに宣戦布告し、二四名のメデジン・カルテルメンバーを米国に引渡した。第三章で述べるとおり、麻薬密売メンバーにとって米国への引渡しは死刑よりも忌避すべき処遇と考えられていたので、ガビリア大統領はメデジン・カルテルと交渉し、刑期の三分の一への短縮と外国引渡しの廃止を条件に幹部の自首を取引きした。

そのため、第三五条で「生来のコロンビア国民の外国への引渡しは禁止する。（中略）外国において、国内法においても犯罪とされる犯罪を犯したコロンビア国民は、コロンビアにおいて起訴され裁判される。」と規定し、憲法上外国への引渡しが行われないことを担保した。この結果、パブロ・エスコバル等のメデジン・カルテルの幹部は、新憲法施行直前の一九九一年六月に自主的に投降し、目的を達成した。(注)

（注）この憲法第三五条は、サンペール大統領による一九九七年の憲法改正により、「刑事被疑者の外国引渡しは、条約に基づき及び条約が存在しない場合は法律に基づき、申請し、許諾し又は差し出すことができる。」と修正された。これは、一九九五年に逮捕したカリ・カルテルの四人の幹部について、米国が一九七九年の協定に基づき引渡しを要求したことが契機となっている。しかし、国会の審議の過程で、米国が求めるように改正案を遡及させるか非遡及とするかが問題となった。遡及に賛成した議員やマスコミに対して、カリ・カルテルのテロ攻撃が行われ、七名が暗殺された。最終的にこの改正は非遡及で結着した。

（4）ゲリラ組織との和平

憲法の本則において、ゲリラ組織との和平に直接関連する規定はないが、特例において特別の措置が定められている。

第一は、附則第一二条で、政府の指示の下で和平プロセスに確実に加入したゲリラグループの市民生活への復帰を容易にするため、政府は、一九九一年一〇月二七日に実施される国会議員選挙において、一回限りの措置として和平特別選挙区を設けるか又は和平プロセスに加入しかつ動員解除したゲリラグループの代表を一回限りの措置として上・下両院に複数名直接議員任命することができると規定した。

第二は、附則第一三条で、この憲法施行後三年間は、政府はその指示の下で和平プロセスに加入し、動員解除したゲリラグループの社会復帰を容易にするため、ゲリラグループが現に存在する地域の経済、社会状態の改善をめざし、並びに当該地域における県、市町村に対して複数の市町村で行う公共サービス及び業務提供を目的に必要な措置を命ずることができると規定した。

また、ガビリア大統領は、四〇年ぶりに国防大臣に文民を任命し、武装ゲリラとの交渉の環境を整備したが、ＦＡＲＣとＥＬＮはこれに応じなかった。さらに、その後の停戦交渉も合意に至らなかった。

一方、元ゲリラ組織のＭ－19は憲法制定会議に積極的に参加して重要な役割を果たし、また、いくつかのゲリラ組織が動員解除に応じ、同会議の議員にはならなかったが発言は認められた。

この結果、一九九一年憲法にはゲリラ組織が要求していた基本的人権に関する規定が拡充強化され、例えば人身保護請求が認められた外、教育、社会保障の充実が明確に規定された。

（5）その他

一八八六年憲法は保守党政権によって制定されたものであったのに対し、今回の全面改正は自由党政権により行われたため、伝統的な両政党の主張の相異が反映されている。

第一は、信教の自由を拡大し、カトリック教の国教の地位を廃止した。

第二は、死刑を廃止した。

第三は、地方自治を強化し、過度の中央集権制を是正した。

このようにシモン・ボリーバルとフランシスコ・デ・パウラ・サンタンデール以来の二つの政治思潮が二世紀にわたり脈々と続いていることに驚かされる。

しかし、この憲法制定プロセスを見ると、これまでのコロンビアの政治過程には見られなかった広範な国民階層の参加の下で、議論を尽くして起草されており、また、条文の中には歴史的に少数派であった元ゲリラ組織の主張も生かされていて、二〇世紀の憲法制定の模範例であると評価されている。憲法前文は、「コロンビア国民は、その主権の行使を憲法制定会議への代表を通じて、（中略）国家の統合を強化し、公正な政治、経済、社会秩序を保障する民主的かつ参加型の法律制度の下で、その構成員に生命、共存、労働、正義、平等、知識、自由、および平和を確保する目的をもって、（中略）このコロンビア政治憲法を定め、裁可し公布する。」と述べ、憲法制定会議を通じて国民が憲法を制定したことを明記している。また、本則のみで三八〇ヶ条の憲法をわずか五ヶ月で施行させたガビリア大統領の指導力とバイタリティには敬服させられる。さらに、憲法制定会議で共同議長を務めた元M-19のゲリラの指導者であるアントニオ・ナバロ・ウォルフの功績も極めて大きかったと言われている。彼は現在南部のナリーニョ県の知事をしているが、日本の「一村一品運動」を導入して、コーヒー、ブロッコリー、パパイア等の特産品を振興して県の発展に貢献している。特に、ナリーニョ県産のコーヒーを米国のスターバックスに売り込み、コーヒー生産者の所得向上を図っている。ゲリラとして戦っていた時代に地雷により片足を失っているが、そのような経歴からは想像できないほどもの静かな、明るい性格の人物であり、思想傾向は左派であるが国民の人気が高い。

三　コロンビア政治史の特質

これまで、コロンビアにおける二大政党制の歴史と一九九一年憲法によるその解体をみてきた。二大政党制の誕生時は、政治指導者たちが欧米の啓蒙思想の影響を受けており、また一八四八年のフランスの市民革命とウィーン体制の崩壊という自由主義の風がコロンビアにも届き、政治的・社会的には個人の活動に対する政府のコントロールの撤廃が、経済的には〝レッセ・フェール〟、自由貿易が、支配的であった。

コロンビアの政治史には、このような欧米の影響から伝統的に個人の自由を尊重しできるだけ政府の権限を小さくする自由主義の思想と、投票により政権を決める民主主義の基礎が十九世紀前半から定着していた。日本が江戸時代の末期、ペリー提督が黒船で浦賀沖にやって来た一八五三年に、コロンビアでは、かつて奴隷であった人間も含めて男子の普通選挙制度が導入されていた。また、伝統的に軍隊の規模を抑えてきたことも特徴の一つである。ラ・ビオレンシア時代の一九四八年当時の兵隊数は、わずか一万人（人口千人当たり約〇・八七人）であり、暴動が多発した地方農村部にはほとんど警察が配置されていなかったということも、ラ・ビオレンシアの鎮圧に時間がかかった要因として考慮する必要がある。

ここで、コロンビアの政治史の特質について、述べてみたい。

第一は、他のラテンアメリカ諸国の政治史と比較して注目されることとして、専制政治に対する強い拒否反応が存在したことである。一九世紀のラテンアメリカ諸国の政治には、カウディージョ（Caudillo）と呼ばれる政治ボスが多く登場するが、コロンビアにはカウディージョが存在しない。カウディージョとは、多くの場合政治的野心を持ち、カリスマ的な能力を有する人物が、私的な軍事力を備え、個人的な人間関係の中で子分と結ばれ、家父長的な権威により政治を支配した独裁者である。例えば、ベネズエラのホセ・アントニオ・パエス（一八三〇年～一八三五年、一八三九年～一八四三年、一八六一年～一八六三年大統領在職）、パラグアイのガスパル・ロドリゲス・デ・フランシア（一八一一年～一八四〇年在職）、アルゼンチンのファン・マヌエル・デ・ロサス（一八二九年～一八五二年在職）、メキシコのポルフィリオ・ディアス（一八七六年～一九一〇年在職）などが典型である。あえてコロンビアにおける専制政治家的要素の強い終身大統領制を狙った大統領を挙げるとすれば、シモン・ボリーバル（一八一九年～一八三〇年）、ラファエル・レジェス（一九〇四年～一九〇九年、保守党）、グスタボ・ロハス・ピニージャ（一九五三年～一九五七年、軍事政権）がいるが、いずれも議会の反対、選挙、あるいは軍の圧力によってその野望を実現することはできなかった。

歴史的に専制政治が見られなかったことについて、この特殊性をコロンビアの国民性の一つの美徳として認識する知識人が多い。元大統領のラファエル・ヌニェスは、カウディージョ専制に対する反感を称賛して、「あの輝かしいボリーバルでさえ、権力の絶対的所有者であるべき〝国民の力〟という測り知れない力に対抗することができなかった」と述べている。また、カウディージョ的支配に対する反感は、国民による統治という政治制度の対極であり、暴君的な実体である〝軍国主義〟を排除する作用を果たしたという。従って、コロンビアには、他のラテンアメリカ諸国に共通するような専制政治、カウディージョ独裁政治、軍事独裁政治、ポピュリスト政治がない。

エドアルド・ポサーダは、コロンビアには、カウディージョ的な個人の権威を法律という非個人的な権威に置き換える伝統があり、そのルーツは、一八三二年に大統領に就任したフランシスコ・デ・パウラ・サンタンデールであると指摘する。サンタンデールは、法律の二つの意義として「(法は)我々に、専断に陥る傾向のある権力を抑制するため、及び、個人の権利を侵害しようとする権力の行使を制止するための手段を与えてくれる」と述べている。シモン・ボリーバルが、サンタンデールを「法治主義者」と呼んでからかった由縁の思想である。

筆者がコロンビアに勤務していた間にも、この専制政治に対する伝統的拒否反応が政治システムの中のDNAとして生き続けていることを痛感させられた政治問題があった。それは、アルバロ・ウリベ・ベレス大統領の三選問題に関してである。筆者の着任時は同大統領の二期目、二〇〇六年から二〇一〇年までの任期（コロンビアの一九九一年憲法は大統領の再選を禁じていたが、ウリベの高い支持率により二〇〇五年に憲法改正を行い、一回に限り再選を可能とした）に当たっていた。しかし、同大統領は引き続き平均八〇パーセントという高い支持率を維持しており、二〇〇九年頃から国民の発議による三選を可能にするための憲法改正論議が出始めた。ウリベ大統領は三選に意欲を示したが、この憲法改正の是非を問う国民投票法案について、憲法裁判所(注)は、大統領には行政府から独立した機関の長（例えば最高裁の判事、中央銀行総裁、検事総長等）の任命ないし推薦権があることから、大統領の任期が長くなれば、独立した機関の長がすべて大統領の息のかかった人物になり、権力のチェック機能が果たせなくなるとして、三選は憲法が大統領の任期を定めている趣旨に反し、民主主義の精神から許されないと判旨し法案を違憲であるとして三選を阻止したのである。

（注）憲法裁判所は、憲法改正案、法律案、条約案、非常事態時の大統領による立法政令等の合憲性を審査する機関として、一九九一年憲法により創設された新しい司法組織である。

第二は、コロンビアにおいては、ごく短期間の例外を除き歴史的に言論の自由が確固として存在したことである。サンタンデール大統領の功績とされているが、政府に対する自由な批判、攻撃に対して新聞等のメディアを通じて反論することが常例化しており、これが二大政党の下でそれぞれの主義主張を国民に訴え政権獲得を争う論争の場となった。一八六三年憲法において、出版の自由が保障されて以来、多くの新聞社が設立された。現在発行されている新聞で古いエル・エスペクタドール紙が一八八七年創刊、エル・ティエンポ紙が一九一一年創刊と、一世紀を超える歴史を誇っている。

エドゥアルド・ポサーダは、一九二九年に駐コロンビアボリビア大使が述べた次のような感想を紹介している。「ここの新聞を読むことは、コロンビアの大統領に対して、どこまで強烈な攻撃をすることができるのかを知るために重要である」、「大統領の行動を非難するために新聞が最強の舌鋒を用いる国は、自由な国である」。

政府に対する反政府派の武装蜂起がある国では、政府による野党の弾圧、言論の統制等が行われるのが通例であるが、コロンビアにおいては、一部の例外を除きこのようなことは起きなかった。

第三は、極めて民主主義的な手続きを経て約百年ぶりに抜本的に改正された一九九一年憲法の制定である。

この憲法制定により、これまでの二大政党制の下で、十分に政治要求を届けることのできなかった下層階級が、政党要件の緩和により反政府ゲリラ出身者を議会に選出することができるようになり、格段に政治参加が進み政治的安定性が向上した。

また、憲法上、国が所掌すべき事務と県・市町村が所掌すべき事務が明確に定められ、地方が行う事務に要する財源を提供するため一般分与制度が創設されたことにより、全国的な行政水準の平準化が図られた。特に、県・市町村の事務とされた保健サービスと教育について、憲法第三五六条は、「保健と教育分野に割り当てられる財源の額は、この憲法公布時にそれぞれの分野に配賦された額を下回ることはできない。」と規定し、社会政策に重点を置くことにより下層階級への配慮を明確にしている。

第二章　コロンビアの社会構造

一　植民地統治の時代

前述のとおり、一五三六年、ヒメネス・デ・ケサダは、サンタ・マルタ総督ペドロ・フェルナンデス・デ・ルゴに探検隊長に任命され、マグダレナ河を遡り隊員の八割以上を失うという多大な犠牲を払いながら、一五三七年にムイスカ族の土地ボゴタ（正式名称はサンタフェ・デ・ボゴタ）にたどり着いた。その後、ベラルカサル、フェダーマンが到着してこの土地を誰のものとするかということになったが、最終的にはスペイン国王の裁定により元サンタ・マルタ総督の息子アロンソに統治権が与えられた。このようにして、探検の時代が終了し、スペインによる植民地統治が開始された。

ラテンアメリカ各地のスペイン国王の統治形態は、副王を置いて実施され、パナマ以南のペルー、コロンビアを含む広大な領土はペルー副王の支配下に置かれた。その後、ペルー副王領内の各地に司法機関としてアウディエンシアが設置され、それが行政機能も持つようになると、次第に各地方が一つの独立した行政区域の性格をもつようになってきた。

ボゴタにアウディエンシアが設置されたのは、一五四九年のことである。ただし、このアウディエンシアの管轄権が現代のコロンビア全体に及んだわけではなく、エクアドルのキトにおかれたアウディエンシアが南部コロンビアを管轄していた。

スペインの植民地の特色として、スペイン人の入植者に大規模な農地と先住民を労働力として使用することを委託する方式（エンコミエンダ制度）がスペイン王から認められた。すなわち、入植当初から大土地所有者と使用人たる先住民の関係がコロンビアにおいて存在していた。しかし、先に述べたように、スペイン人の入植当時約六〇〇万人いたと推計されている先住民の数は、一六〇〇年にはスペイン人が持ち込んだ旧大陸の病気により五〇万人程度まで激減しており、この結果、入植地における生産活動が大きく低下することとなった。この労働力不足を補完したのは、一つは、スペイン人と先住民との混血の加速であり、もう一つは、アフリカからの黒人奴隷の導入であった。

この大土地所有制は、一九世紀初の独立戦争まで続き、独立戦争勝利後は戦争に功績のあった軍人等が大土地所有者として出現したという変化があったが、基本的な構造には変化はなかった。

二　格差社会の定着

スペインの植民地時代から独立までの社会構造は、GDPの約六〇パーセントが粗放的な農業生産であり、残りのうち約一四パーセントが工芸品、約一二パーセントが鉱業（主として金の生産）という経済構造であったことからも容易に想像されるように、一人当たり所得はかなり低く、コーツワースとテイラーの推計によればメキシコ副王領の三分の二程度の水準であった。従って、先住民、多数の小作人、非正規労働者の存在、また都市と農村の格差を考慮すると、社会の格差は相当

メデジンの貧困住宅地区

に大きかったと思われる。

この構造は、現在でも基本的に変わっていない。一般的にラテンアメリカ諸国には、先に述べたスペインの植民地支配の遺制が残っており、社会の所得格差は大きく、所得分配の平等度を示すジニ係数をとってみると概ね四五から五五と高い水準であった。現在、コロンビアのジニ係数は、五三・五で二〇年前とほとんど同水準でラテンアメリカ主要国の中では最も高い。ちなみに、ブラジルは、現在五二・七で両国が最上位を占めている。

一方、コロンビアの統計局は、貧困を基礎的な生活水準が維持できない状況と定義しているが、この貧困率の数値を見ると一九七三年の七〇・二パーセントから二〇一三年の三〇・六パーセントへ四十年間で大幅に改善している。

これは、貧困指数が生活水準の絶対的な尺度であるのに対し、ジニ係数が所得の配分の相対的尺度であるという違いがあるため、経済成長により所得のパイが大きくなれば配分が一定であっても貧困度は改善するが、ジニ係数は変わらないことになるからである。すなわち、コロンビアにおいては、安定的な経済成長によりＧＤＰは拡大したが、その配分は変わらなかったということ

〈表3〉 コロンビアの農地保有状況

所有者数：千人、農地面積：千 ha、( )内は比率%

	1960 年		1984 年		2000 年	
	所有者数	農地面積	所有者数	農地面積	所有者数	農地面積
小規模所有者 20ha 未満	(87.1)	(17.8)	2,094.1 (85.2)	5,347.7 (14.9)	3,088.6 (86.3)	5,956.2 (9.2)
中規模所有者 20ha 以上～200ha 未満	(12.9)	(82.2)	325.3 (13.2)	13,592.4 (38.0)	442.6 (12.4)	16,947.9 (22.5)
大規模所有者 200ha 以上			37.4 (1.5)	16,861.3 (47.1)	47.0 (1.3)	51,464.1 (68.3)
うち 2,000ha 以上			1.8 (0.1)	6,861.7 (19.2)	2.2 (0.1)	39,004.8 (51.8)
合計	(100.0)	(100.0)	2,456.9	35,801.4	3,578.2	75,368.2

出所：IGAC

になる。

コロンビアの格差社会と貧困の問題については、都市における労働条件の問題、教育水準の低さから生じる貧困の連鎖の問題など様々な角度から検討する必要があるが、この格差社会の最大要因である農地問題に絞って検討することとしたい。

一般的にラテンアメリカ諸国における農地保有状況は、概ね五パーセントの大土地所有者が八五パーセントの農地を保有するという構造になっている。コロンビアにおいても、《表3》のとおり、このような傾向が見られ、二〇〇〇年では、一・三パーセントの大土地所有者（二〇〇ヘクタール以上）が六八・三パーセントの農地を保有している。

ラ・ビオレンシア終息後の一九六〇年の農地の保有状況を見ると、二〇ヘクタール未満の農地の所有者が八七パーセントで、全農地面積の一八パーセントを占めている。これらの小規模農業者が、バナナやジャガイモ等の食糧を生産し、大土地所有者は、綿花、サトウキビ、米の生産や牧畜業を営んだ。コーヒーの生産農家は、家族経営が中心で、一・五ヘクタールから二ヘクタール程度の規模であった。

コロンビアの農地保有について特徴的なことは、二〇世紀後半に農地面積が三千五八〇万ヘクタールから七千五四〇万ヘクタールと二倍以上増加したことである。序章で述べたように、伝統的に農業は、アンデス山系に所在する農場において営まれていたが、人口の増加に伴い、それまで未開墾であったジャノス平原、マグダレナ河流域などの低地帯に広がっていった。ただし、農地の状況は、約六〇パーセントは牧草地と一五パーセントは林地である。耕作可能地は二五パーセントでしかもその利用状況は著しく低く、トウモロコシ、コメ、サトウキビ、コーヒー、果実など主要農作物の作付面積は約四百万ヘクタールで、農地面積全体の五パーセント強に過ぎない。このように、コロンビアにおいては、常春といわれる一年中耕作できる気候で、例えばコメであれば三毛作が可能な条件に恵まれている上に、耕作可能地が低利用状況であることから、まだまだ農業生産拡大の余地が十分ある。

一方、二〇世紀後半の一五年間で、農地所有者（ほぼ農家戸数）は約一一〇万人増加している。この間のコロンビア全体の人口増が約一千万人で、平均的家族数が四人であることを考慮して大胆に推計すると、人口増のうち約四〇〇万人は小規模自作農家が吸収し、残りの六〇〇万人は大土地所有者の使用人（小作人）の家庭か、または都市の労働者等の家庭が吸収したことになる。このように、コロンビアには農地として利用可能な土地が十分存在したことにより、高い人口の伸びを吸収することができたが、その過程は、社会の格差を縮小する方向ではなく、むしろ農地の大規模所有者への集中という形で格差の固定化が進んだ。これが、一九六〇年代に出現した反政府ゲリラ組織の勢力拡大の社会的背景となり、また、コカ栽培が広がった原因でもある。

これまでの二大政党制の下で、このような農業構造を改革する動きがなかったわけではない。伝統的に保守党政権は高関税による農業保護政策を実施したが、自由党政権は、何度か農地改革を試みている。たとえば、一九三〇年に四五年ぶりに政権交代を実現した自由党は、世界恐慌による経済危機で疲弊した農村対策として、農地改革を実施し、有効活用されていない農地を小作人に分譲する措置を講じた。しかし、その効果は十分に発揮されたとはいえないままに終わった。

さらに、農村の社会構造は、大土地所有者がパトロンとなり多数の小規模自作農民や小作農民をクライアントとして面倒を見る郷党的親子関係（clientelismo）が存在し、この身分的関係が農村共同体を支配した。ボスが属す政党にすべての従属者が従うという関係は、ボスへの忠誠が党組織への忠誠に置き換わるという形となり、地方において政治的なビオレンシアが生じる原因となった。この構造は、地方において農民は大土地所有者で政党の有力メンバーであるボスの所有物のように考えられ、市民社会の発展を阻害する作用をもった。フランスのコロンビア学者であるダニエル・ペコーは、この農村社会構造は、ビオレンシアの発生にも、また逆に農村社会の安定にも両方に作用するものであったと分析している。

コロンビアのコーヒー

日本人にとって、コロンビアといえばまずコーヒーを思い浮かべるほど、有名である。また、コロンビアにとっても、コーヒーは一九八〇年代までコロンビアの最大の輸出品目であり、経済発展のための重要な外貨調達源であった。現在のコーヒーの生産量は、ブラジル、ベトナムに次ぐ世界三位の一千三〇〇万袋（一袋は六〇キログラム）である。

コロンビアにコーヒーが伝来した歴史について明確な資料はないが、ホセ・グミリャの「オリノコ河（El Orinoko）」によれば、一七世紀末頃にイエズス会士によってベネズエラとの国境の町ククタあたりから持ち込まれ、カリブ海沿岸のサンタ・マルタのシエラ・ネバダ山麓で栽培が始まったという。その後、メデジン、マニサーレス、ペレイラなど内陸の高原地帯が主産地となっている。コロンビアにおけるコーヒーの栽培面積は、八七万ヘクタール、栽培農家戸数は、約五六万戸で、コーヒー関係の直接・間接雇用者は、約一〇〇万人となっている。

コーヒーの品種は、アラビカ種とロブスタ種に大別される。ロブスタ種は、サビ病に耐性を持つが刺激が強く、インドネシアやベトナムで主として栽培され、エスプレッソやインスタント・コーヒー用に使用されている。一方、アラビカ種は、マイルドな味だがサビ病に弱い特性を有し、中南米やエチオピア等で栽培されている。

ＩＣＯ（国際コーヒー機構）の分類によれば、アラビカ種は①コロンビアン・マイルド（コロンビア、タンザニア、ケニヤ)、②アン・ウオッシュ(ブラジル、ペルー、エチオピア)、③その他マイルド(グアテマラ、メキシコ、ジャマイカ)に分けられる。

コーヒーの品質は、酸味、ボディ(強さ)、甘さ(グルタミン酸ソーダ等)、香り等により評価されるが、コロンビア・マイルドの特徴は、芳醇な香りと酸味がほどよく加わったボディの強い、甘味のある味であると言われている。コロンビアでは、FNC(全国コーヒー生産者連盟)が指導して、完熟したコーヒーチェリーのみを手摘みで収穫し、果肉を水洗い処理して豆を取り出し、天日乾燥した後に精選して出荷しているので、ニューヨークのアラビカ種の先物市場においてプレミアムがついている。

日本は、世界第四位のコーヒー消費国で、一人当たり消費量は、三・四キログラムとコーヒー輸入国平均の四・五キログラムより少ないが、食生活の欧米化により肉の消費量が増えるに従って急速に増加してきている。日本では、戦後コーヒーの消費は極めて僅かであったが、FNCが昭和三五年頃に日本に進出して以降消費が拡大し、昭和六〇年には、日本茶の消費(約一〇万トン)を超えてコーヒー豆換算約四五万トンとなっている。

コーヒーの赤い実

三　コロンビアの社会保障制度

一般に、社会保障制度は、病気、失業、老化というリスクから労働者・国民の所得の減少を緩和するために設けられるものである。貧困と格差の社会問題に対し、コロンビアではどのような社会保障システムを有していたか見ていくことにする。

従来、コロンビアの社会保障的機能は、農村社会においては大土地所有者と農民とのクリエンテリスモ関係により果たされており、都市の労働者に対しては、労働協約の中で雇用者の義務として提供されてきた。しかし、従業員一〇人未満の零細企業、専門職や技術職でない自営業者、家事補助者、日雇い労働者等の非正規労働者の割合は六〇パーセント程度と高かったにもかかわらず、これらの労働者には、何ら制度的な対応がなされていなかった。

現行コロンビアの社会保障制度は、社会保険と社会福祉の二つの体系から構成されている。コロンビアにおいては、この制度は、後述するように、ガビリア大統領の下で、一九九三年に国の一般的制度として医療保険と年金制度が法制化され、更に二〇〇三年に社会保障制度を所管する社会保障省の創設により、制度の対象範囲の拡大と内容の充実が図られた。

ただし、コロンビアには、社会保険方式による失業保険はなく、旧来の労働協約時代の名残りである雇用者負担の退職金積立制度を失業の際流用している。即ち、雇用者は労働者のために毎年一ヶ

労働災害	社会福祉	労働市場
社会保障省	社会保障省	社会保障省
労働災害管理機関(ARP)	コロンビア家族福祉協会(ICBF) 大統領府社会行動庁 家族補助金庫(CCF) 年金連帯基金(FSP)	国家職業訓練所(SENA) 家族保証金庫(CCF) 退職金積立基金
保険料	国の予算からの拠出 地方政府からの拠出 保険料	保険料
コロンビア財政監督局	家族補助監督局	社会保障省検査監督部 家族補助監督局 コロンビア財政監督局
	大統領府社会行動庁による プログラム受益者 2006年　13, 398人 2010年　1, 500, 000人 ICBFによるプログラム受益者 2006年　5, 745, 173人 2010年　6, 287, 206人	

月分の給料を積立て、労働者はこの積立金を退職の場合の外、住宅の購入資金、子弟の教育資金または失業の場合の生活資金として使うことができる。なお、現在コロンビア政府は、リーマン・ショック後の世界同時不況の影響により国内の失業率が上昇したことから、新たに社会保険方式の失業保険制度の創設を検討している。

一方、社会福祉制度は、貧困の構造的原因を解消する構造政策と、貧困により生じる結果に対応する扶助政策から構成されている。構造政策

〈表4〉コロンビアの社会保障の概要

	医療	年金
企画立案	社会保障省 医療に関する国家社会保障審議会	社会保障省
実施主体	医療推進企業(EPS) 税方式管理機関(ARS) 地方の医療組織	年金資金管理機関(AFP) 社会保険機構(ISS)
資金源	保険料 国の予算からの拠出 地方政府からの拠出	保険料 国の予算からの拠出
監督・検査	国家医療監督局	コロンビア財政監督局
国家開発計画の数値目標	医療サービス受給者割合 2006年 73.0% ↓ 2010年 100.0%	年金加入者割合 2006年 26.7% ↓ 2010年 38.0%

出所：筆者作成

は、所得稼得能力が不足する人々に住宅や事業資金のような物的資本および教育や職業訓練のような人的資本を提供するものである。また、扶助政策は、人的及び物的資本に恵まれず生活のための所得を十分に得ることができない人や、孤児、身体障害者、困窮老人、暴力行為により生活基盤を失った国内避難民などに対する国の補助により支給する現金又は現物給付である。

社会保険と社会福祉制度の企画立案、実施主体、資金源、監督と国家開発計画（二〇〇六〜二〇一〇）の数値目標をまとめたものが《表4》コロンビアの社会保障の概要である。

四　反政府武装ゲリラと麻薬密売組織の存在

コロンビアの社会構造でラテンアメリカ諸国と違う点は、反政府武装ゲリラと麻薬密売組織の存在である。この論点については、拙著「ビオレンシアの政治社会史—若き国コロンビアの悪魔払い」の第三章「ゲリラ戦争と麻薬戦争」で詳しく述べたので、繰り返しを避けポイントのみ簡潔に列挙する。

反政府武装ゲリラ

コロンビアの代表的なゲリラ組織であるＦＡＲＣ（コロンビア革命軍）のこれまでの歴史をまとめると以下の通りである。

(1)コロンビア共産党は、古典的革命理論に基づき農民、プロレタリアートに根を張る方針を採用し、一九三〇年代後半から農村に入り零細農民の保護と農地の再配分を掲げ、農民運動を開始。

(2)一九五五年、ロハス・ピニージャ大統領は共産党を非合法化し、共産党の勢力圏内にある農村組織を壊滅させる戦いを、トリマ県とクンディナマルカ県で開始。

(3)一九五八年の国民戦線協定の下で、共産党は選挙に立候補できず、一九五九年のキューバ革命後ラテンアメリカ諸国で初めて武力ゲリラ行動を革命手段として採用した。
(4)一九六四年、共産党ゲリラ地域であるマルケタリアに軍事攻撃を開始。
(5)一九六六年、マヌエル・マルランダ・ペレスにより、正式にFARCを結成。構成員は七〇〇〜八〇〇人程度であった。
(6)一九八〇年、資金源として誘拐を行うようになってから急速に勢力を拡大し、一九八四年、ベタンクール大統領の休戦提案を受け、翌年、合法政党「愛国同盟」を結成。
(7)一九九〇年、愛国同盟の大統領候補がパラミリタリーに暗殺されたことを契機として、再び武力闘争に戻り、一九九一年以降ほぼ全国に前線部隊を展開。資金源として、コカイン関連のウエイトが次第に増大。
(8)一九九九年、パストラーナ大統領と和平交渉を開始。その間、政府はカケタ県カグアン周辺五市（四万二千平方キロ）を治安維持部隊撤退地域に指定し、事実上FARCの管轄を認め構成員は一万七千人とピークに到達。
(9)二〇〇二年、ウリベ大統領は民主的治安対策により国軍と警察の大幅増員によるFARC掃討作戦開始。二〇一〇年、構成員は、八千人程度まで減少し、また、発足時の指導者の戦死などにより弱体化が進む。
(10)二〇一二年、サントス大統領は、和平交渉開始。二〇一五年、政府とFARCが合同で地雷処理プロジェクトを開始。

このように、ゲリラは、当初、農民保護のための運動を掲げて勢力を拡大してきたが、創設当初の幹部が戦死したことにより、次第にその思想的使命が失われ、途中から反政府武装勢力として革命を実現することのみが自己目的化してきた。具体的には、戦力を強化するため農民を強制的に徴兵したり、資金調達のためコカの栽培に農民を使役したりするようになり、今では農民の支持を完全に失っている。しかし、格差社会と、貧困の社会構造は、一時、ゲリラ組織が蒔いた種の発芽の温床であったことは事実であり、一九八〇年代から二〇〇〇年代初め頃までのコロンビアの治安悪化の一つの原因であった。

Column

ガブリエル・ガルシア・マルケス(Gabriel García Márquez)の人物像

一九二八年、カリブ海沿岸の寒村であるアラカタカに生まれる。幼年期は、退役軍人の祖父、迷信や言い伝え好きの祖母に育てられる。高校でボゴタに出て小説を書き始め、新聞等に投稿して最初の小説が「エル・エスペクタドール」紙に掲載される。一九四七年、ナシオナル大学の法学部に入学し、後にカトリックの司祭となりゲリラ組織ＥＬＮに身を投じて死亡するカミーロ・トッレスと親友となる。

一九四八年、ボゴタ騒動が起り、大学が閉鎖されたため、家族が住むカルタヘナの大学に移る。その後、生活難のため中退し、エル・ウニベルサル紙の記者として働き始める。

一九五四年、エル・エスペクタドール紙の記者としてボゴタにもどる。一九五五年、ヨーロッパ滞在中に友人が彼の「落葉」の原稿を無断で出版社に持ち込み、出版される。

一九五九年、キューバに渡りフィデル・カストロと知り合い、以後キューバ革命後もカストロとの親交が続き、カストロニストとして左派の中心的知識人となる。

一九六一年、退役大佐である祖父をモデルにした「大佐に手紙は来ない」を、一九六七年、ビオレンシアを背景に描いた「百年の孤独」を発表した。

一九八二年、ラテンアメリカでは四番目となるノーベル文学賞を受賞し、コロンビアの代表的な知識人として世界的に有名となる。

一九九七年以降、メキシコに在住。

二〇一四年　死亡

ガルシア・マルケスは、その小説や自伝において、コロンビア人の国民性として「暴力性」を強調した。一九六〇年に「暴力小説は、我々の歴史においてコロンビア人が有している国民性の唯一の正当な文学的激白である。」と表明したことにより、コロンビアの文学者は誰も彼のノーベル賞の受賞を祝福しなかった。

一九九二年一一月、ガルシア・マルケスを代表とする約五〇人の知識人が、ＦＡＲＣなどゲリラのグループに対して公開書簡を発出し、「諸君！　君たちの戦いは歴史に逆行している。」と警告してゲリラ戦争に公然と距離を置く立場を表明した。この知識人のゲリラに対する歴史の中で画期的な出来事について、エル・ティエンポ紙は、この書簡は武力革命に対する知識人の支持の終焉を示すものだとして、「今日、ゲリラ兵士たちの孤独は計り知れないということができる」（傍点は筆者）と社説に書いた。

麻薬密売組織

コロンビア現代史における宿痾ともいわれる大麻、ヘロイン、コカインなどの麻薬がコロンビアに登場したのは、一九六〇年代の後半だといわれている。以下、コロンビアにおける麻薬の歴史を簡単に述べてみる。

(1)コロンビアが麻薬問題で国際的な注目を集めたのは、一九六七年にカリブ海沿岸ノシエラネバタ東山麓で組織的な大麻の生産が行われてからで、一九七三年に米国と協定を締結して大麻対策に着手。現在では、米国で生産され始めたことから、生産は低下。

(2)ケシの本格的栽培の開始は、一九九一年頃であるが、政府の除草剤の空中散布の効果で栽培面積はほとんどなくなった。

(3)コカインの原料となるコカの栽培は、先住民により細々と続けられていた。ラテンアメリカにおけるコカインの製造の本拠地はチリにあったが、一九七三年にピノチェットが軍事クーデターを起こし、軍事政権を開始して以来、コカインの密売組織を摘発し、壊滅させた。このビジネスを引き継いだのがコロンビアのカルテルであった。

(4)有名なメデジン・カルテルのパブロ・エスコバルは、一九七〇年代の終わりごろから、ペルー、ボリビア産のコカをコロンビアに持ち込み、コカインに精製して、米国に運び販売するというビジネスモデルを確立した。

(5)メデジン・カルテルはまた、政府が米国の援助を得てコカイン密輸対策を実施したのに対し、特に、警察官、検事、裁判官、市長、法務大臣などカルテルに挑戦するものに対し、パラミリタリーや殺し屋を使って無差別テロによる徹底的な復讐を行い、政府との間で麻薬戦争が勃発した。この結果、一九九〇年代のメデジンは、世界で一番殺人発生率の高い都市となった。

(6)メデジン・カルテルとの全面戦争は、ガビリア大統領との取引により、新憲法施行時前にいったん終結した。メデジン・カルテルの解体に伴い、一九九〇年代の半ばから国内におけるコカの栽培が急増した。

(7)FARCやパラミリタリーなどの武装勢力が、その資金源としてコカの栽培を奨励したことにより、農村の下層階級に属す農民は、違法作物に手を出している。

このように、違法作物の栽培が根絶できない理由として、貧困の問題が根底にあることは否めない事実である。しかし、米国の強力な支援の下で、軍組織が徹底的なコカの抜根対策を実施しているので、栽培面積は、次第に減少している。

現在、麻薬組織によるビオレンシアはほぼ解消しているが、かつてコロンビアの治安の悪さの大きな原因であったことは間違いはなく、その背景には貧困と格差問題があったことを指摘しておきたい。

コロンビアのエメラルド

コロンビアは、世界最大のエメラルド産出国であり、世界の産出量の約五五パーセントを占めている。エメラルドは、アルミニウム、ベリリウム、珪酸塩、酸化クロム等を成分とする緑柱石でアクアマリンと同種の貴石である。

コロンビアでは、コラムの「黄金郷伝説」で述べたように、インディオが神を祭る儀式にエメラルドを用いており、グアタビータ湖底から大量に発見されている。産地は、クンディナマルカ県とボヤカ県に集中しており、中でもムソー鉱山とチボール鉱山が有名である。コロンビアのエメラルドの特徴は、深い緑と透明度である。ムソーの石は、「油の滴」と、チボールの石は、「蝶の羽根」と呼ばれている。エメラルドには、顕微鏡で見ると空気の気泡、塩の結晶、塩水の三種の内包物が必ずあって、全くキズのないものはないと言われている。西洋では、「人間とエメラルドにキズのないものはない。」という諺があるそうである。

そのため、キズの大きい石をエンハンスメント処理（石を真空に置いて内包物を抽出し圧力をかけてシダーウッドオイルを充填する）することが多い。このような石は時が

エメラルドの原石

経つと油が揮発してダメになってしまうので注意しなければならない。

一般的に、宝石の採掘は利益が大きいので、非合法組織が暗躍するが、コロンビアにおいても麻薬マフィアをはじめ様々な組織が利権をめぐって争い、「緑の戦争」が起こっている。

また、エメラルドの流通形態は一種独特である。鉱山の所有者はエメラルドを研磨した後、これをコミシオニスタと呼ばれる中間業者に販売を委託し、この業者がボゴタのコロンビア共和国銀行（中央銀行）近くのヒメネス通りと7番街の交差点付近で買付人と個別に取引を行うのである（写真）。ボゴタで活動するコミシオニスタは約千人いると言われている。また、買付事務所が入ったビルがこの付近に集中しており、特定のコミシオニスタとのみ取引を行っている。

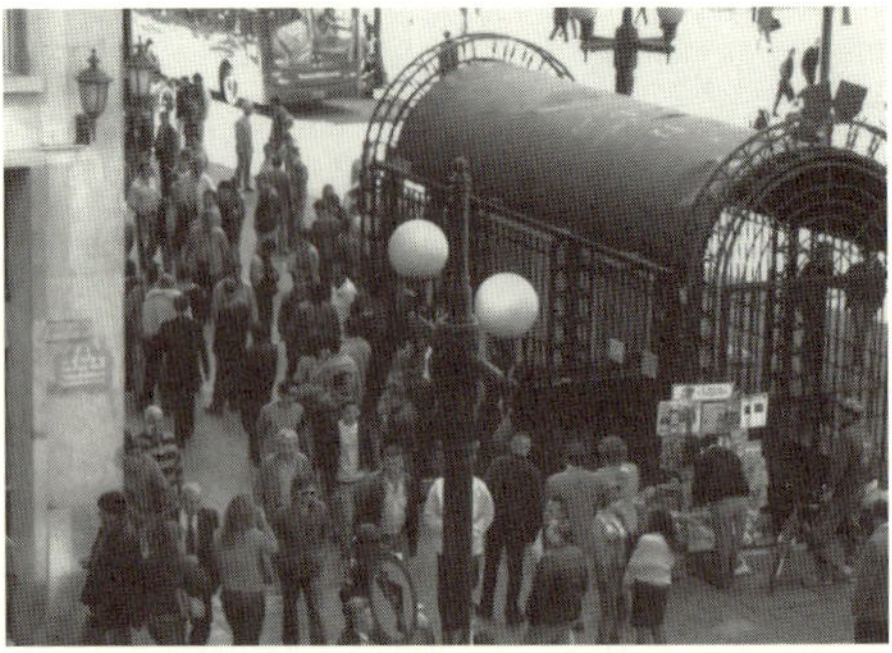

ヒメネス通り7番街の交差点付近における
エメラルドの取引風景

古くは、紀元前一八一八年にエジプトの砂漠で発見され、クレオパトラも愛用したと言われる。五月の誕生石である。女性を魅了して止まないが、本物と偽物の見分けが難しいので、高価な買い物をされる際は、専門家に相談するか、チェルシーフィルターを用いてチェックすることをお勧めする。このフィルターで見ると、偽物は緑色が赤く映るのですぐに判る。

第三章　第二次世界大戦後のラテンアメリカ諸国の経済政策

コロンビアの経済を理解するためには、経済運営の歴史を踏まえる必要があるが、ラテンアメリカ諸国に共通する経済運営を行ってきたコロンビアが、他のラテンアメリカ諸国と袂を分かって安定的なパフォーマンスを経験してきたことを説明するため、まず、第二次世界大戦後のラテンアメリカ諸国の経済政策を回顧することとしよう。

一 ラテンアメリカ経済委員会の「輸入代替工業化政策」

第二次世界大戦後から一九七〇年代までのラテンアメリカ諸国の経済運営の方向性を指導したのは、国連のラテンアメリカ経済委員会（ECLAC）のエコノミスト達であり、その代表はアルゼンチンの経済学者でECLACの事務局長のラウル・プレビッシュ（Raul Prebish）であった。プレビッシュは、第二次世界大戦前の世界経済の分析を行い、先進国が工業製品の輸出を、発展途上国が第一次産品の輸出を行っている貿易構造を前提に、先進国の成長が農産品等一次産品の需要増加に結びつかず農産品価格が上昇しないため、「先進国に対する発展途上国の交易条件は構造的悪化をたどる」（プレビッシュ＝シンガー命題）と主張し、この考え方に基づきラテンアメリカ諸国の新たな経済戦略として「輸入代替工業化政策」を提唱した。これは、一九二九年の世界恐慌が第一次産品の輸出を主軸にしていたラテンアメリカ経済に壊滅的打撃を与えたことを踏まえたものであり、輸入消費財の政府主導による国産化政策であった。しかし、このプレビッシュ＝シンガー命題そのものは、経済学的には正しくない理論であり、結論的に言ってラテンアメリカ諸国の将来におおきな禍根を残すこととなった。各国政府は輸入代替工業化を促進するため、政府投資の増額、優遇金利の提供、原材料の優先割当て、製品輸入抑制のための高い関税率の設定、輸入割当てによる数量規制といった保護貿易政策を実施した。

一方、各国の国内市場は輸入代替工業化による製品の消費市場としては小さ過ぎるため、一定の市場規模を確保する必要があった。このため、「地域経済統合による市場拡大」を図り、域内は関税撤廃による自由貿易地域の形成、域外は保護政策という組合せが採られた。この考え方の典型は、一九六〇年のラテンアメリカ自由貿易地域（ＬＡＦＴＡ）構想である。一九六九年、ボリビア、コロンビア、エクアドル、ペルー、チリの五ヶ国はカルタヘナ協定を締結し、アンデス共同体（ＣＡＮ）を設立した。一九七三年、ベネズエラがＣＡＮに加入（二〇〇六年脱退）し、一九七六年、チリが脱退し、現在四ヶ国で構成している。

ＣＡＮの目的としては、①メンバー国の均衡ある調和のとれた発展の促進、②成長促進と雇用の創出、③地域統合過程への参加の援助、④国際経済におけるメンバー国の地位の向上、⑤地域の連帯の強化及びメンバー国間の発展、格差の縮小が謳われている。

なお、アルゼンチン、ブラジル、パラグァイ、ウルグァイは、一九九一年にアスンシオン条約を締結して域内関税を引き下げ、一九九五年に関税同盟である南米南部共同市場（メルコスール）を発足させた。

二　輸入代替工業化政策の効果

輸入代替工業化政策は、一九五二年のグアテマラ革命、一九五四年のボリビア革命、一九五九年のキューバ革命等の共産主義革命の波がラテンアメリカ諸国を襲う時代背景の下で、一九六〇年のケネディ政権の「進歩のための同盟」戦略による農地改革や工業開発などの国内改革の促進を条件とする資金援助をも受けながら、導入当初は順調な進展を見せた。

次ページの《図4》をご覧いただきたい。これは、一九六〇年以降のラテンアメリカの生産性の推移を見たものである。ラテンアメリカ諸国全体で一九七五年にかけて生産性が上昇している姿が見て取れる。一九六〇年代中頃は、「メキシコの奇跡」と呼ばれその経済発展が注目された。また、日本も一九七〇年代中頃は、対外直接投資の約三〇パーセントをラテンアメリカ諸国に振り向けており、ラテンアメリカブームといわれた。

なお、生産性の伸びが最も高いのは東アジア諸国であるが、第二次世界大戦後、東アジア諸国は輸出主導型経済モデルを採用した。このモデルは、先進国をはじめ世界市場をターゲットにした輸出産業を育成することを主眼としており、各国との競争により高い生産性を常に追求して輸出競争力をつけていった。

〈図４〉全要素生産性の推移1960－2005年

（1960年=100）

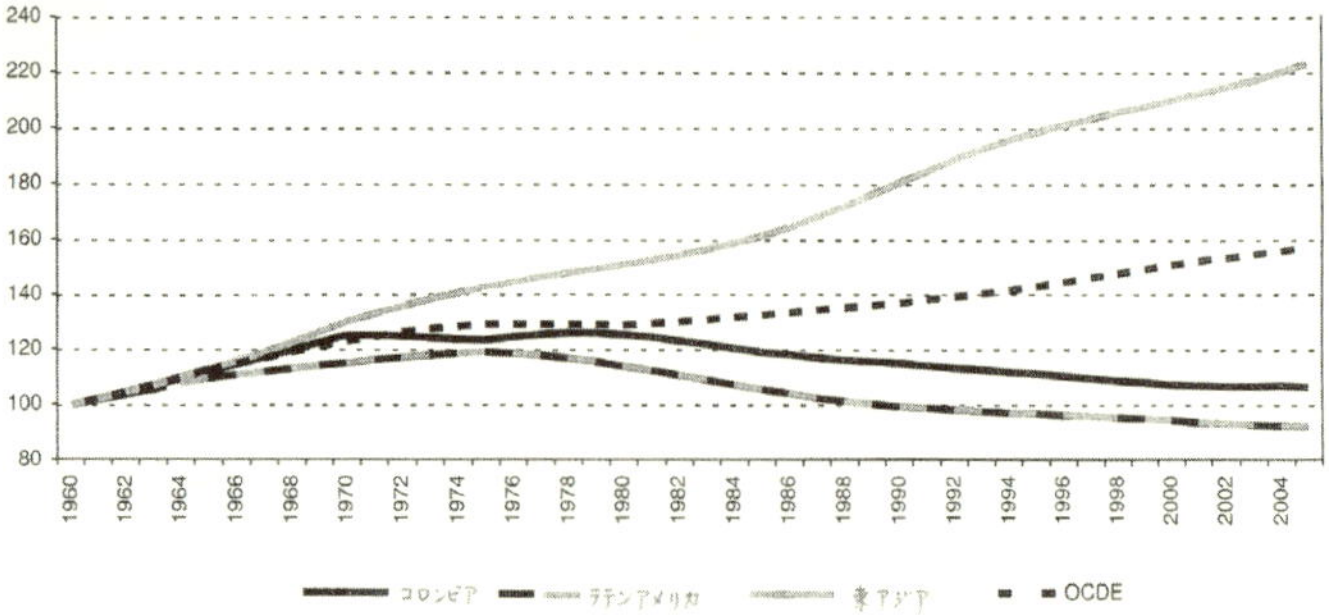

出所：Daude y Fernandez-Arias（2009）

一九七〇年代中頃まで順調に推移していた輸入代替工業化政策は、政府の保護主義の行き詰まりと生産性の低下により、一九八〇年代の累積債務危機により終焉を迎えることとなる。《図４》「全要素生産性の推移一九六〇年〜二〇〇五年」は、ラテンアメリカ諸国の生産性が一九七五年をピークに下降に転じ、一九九〇年に一九六〇年水準に戻っていることを示している。一方、コロンビアは、後述するように、一九八〇年代から生産性の低下が見られる。

ラテンアメリカ諸国は、このような国内輸入代替工業の保護と工業化の過程で、大量に発生した労働者階級に対するポピュリズム政策（労働組合の育成、実質賃金の引上げ、労働条件の改善、解雇の制限、年金負担の使用者側への転嫁等）を実施し、また、それが国営企業の赤字化等に結びつき財政赤字が拡大し、これがハイパーインフレーションと累積債務問題を発生させることになる。ハイパーインフレーションは、労働者階級の日常生活を直撃し[注]、社会的混乱の発生から軍事クーデターを引き起こす要因となり、また、累積債務問題は、債務のリスケジュール等や、ＩＭＦ、世銀の支援を求めることなり、ＩＭＦ、世銀の厳しいコンデショナリティに服することを余儀なくされた。

（注）筆者は一九七五年から二年間アルゼンチンの日本国大使館に勤務していたが、一九七六年初にはインフレ率が年率で一〇〇〇パーセントを超えるハイパーインフレーションとなった。実生活では、日本の第一次石油ショック時（一九七四年）の狂乱物価騒ぎの際に、トイレットペーパー等の日用品が商店から姿を消すのを体験していたが、当時の日本の消費者物価上昇率は二三パーセント程度に過ぎない。ブエノス・アイレスで体験した現実は、物価統制物品である牛肉、パン、砂糖等の食料品はすべて店頭から姿を消し、個別に店員と価格交渉すると奥からいくらでも出してくれた。一九七六年三月に軍事クーデターが発生したが、一般国民はむしろこれを歓迎したように感じた。軍の力で経済が安定することを大衆は待ち望んでいたため、民主主義に反する軍事クーデターに抵抗する動きは直後には全く感じなかった。

累積債務危機国に対してＩＭＦ、世銀が出した処方箋は、市場メカニズムを利用した効率的資源配分による生産性の向上と競争力の確保であった。具体的には、財政規律の確保、金融の自由化、為替の自由化、貿易の自由化、直接投資の受入れ、民営化、規制緩和、税制改革等であり、新自由主義またはワシントン・コンセンサスと呼ばれている。

経済危機に陥ったベネズエラ、ペルー、ブラジル、アルゼンチンの大統領は、いずれも大統領選挙の公約において市場主義経済改革に反対するキャンペーンを展開していたが、多くの国はその選挙公約にもかかわらずＩＭＦ、世銀の債務救済を受けるために新自由主義を押しつけられた。

〈図5〉企業の高度化とイノベーション

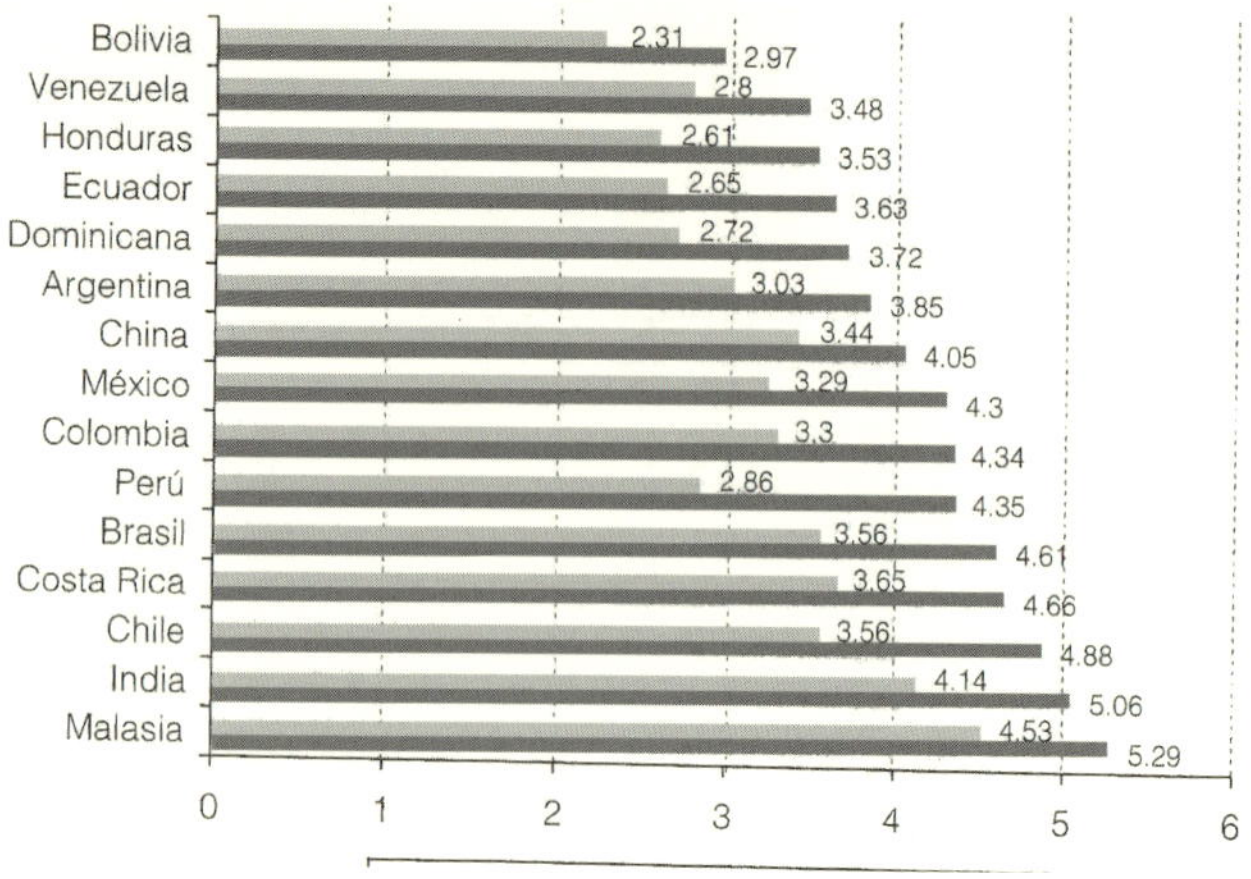

出所：Daude y Fernandez-Arias（2009）

一九九〇年代以降の新自由主義政策の導入の結果を見ると、経済成長が促進されるというポジティブな効果がより出た国と、社会の格差が拡大するというネガティブな効果がより出た国に二極分化したように思われる。《図5》「企業の高度化とイノベーション」は、二〇〇六年～二〇〇七年の世界競争力調査報告による企業の製品の高度化とイノベーションの程度を比較したものである。これによれば、ボリビア、ベネズエラ、ホンジュラス、エクアドル、アルゼンチンが下位グループに属し、メキシコ、コロンビア、ペルー、ブラジル、チリが上位グループに属している。大変興味深いことに、下位グループに属している国はいずれも反米的傾向、反IMF・世銀傾向があり、独自に南米銀行を設立して、IMF、世銀の厳しいコンディショナリティから逃れる

〈図6〉輸出品の高度化の推移

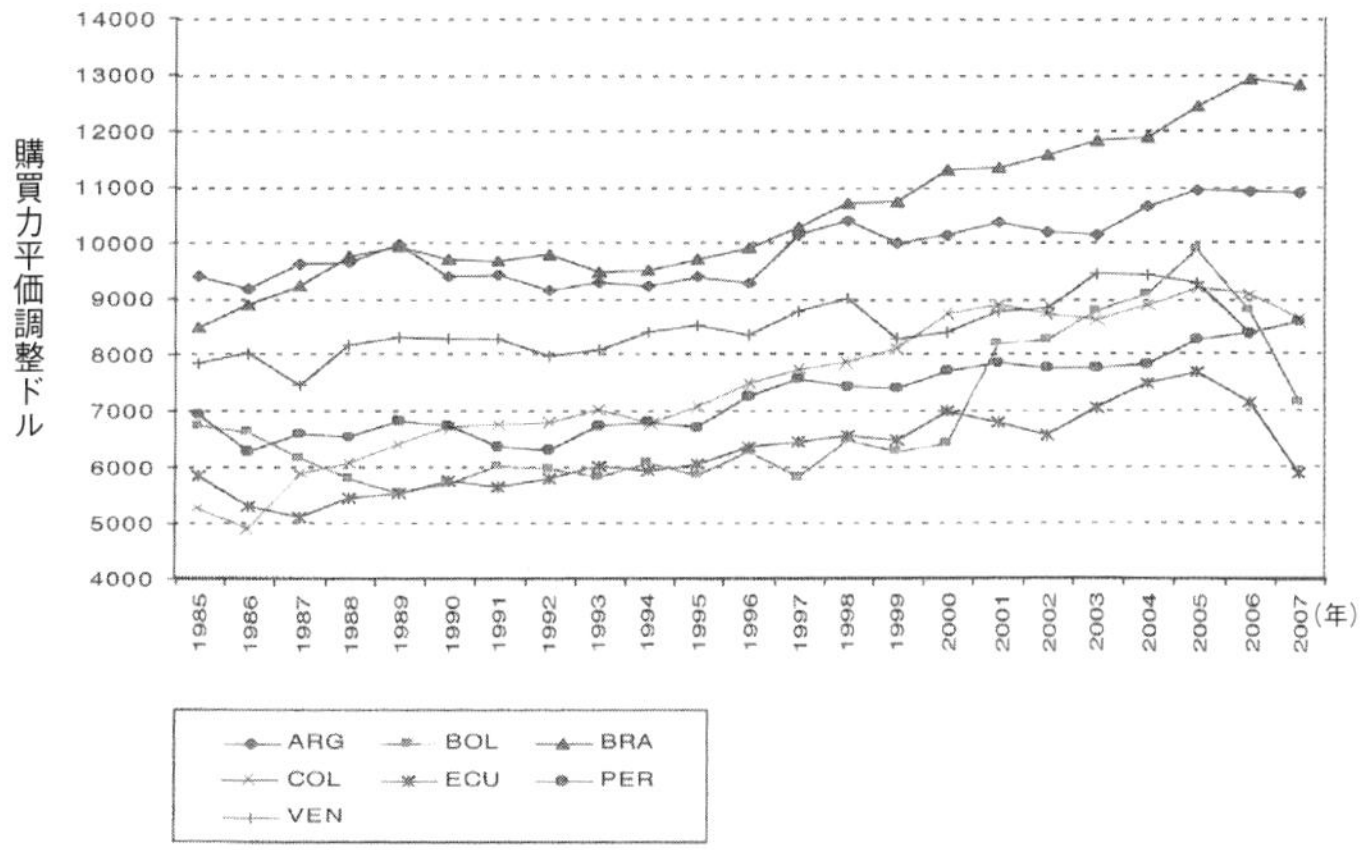

出所：Hausmann y Klinger（2006）

動きを見せている。一方、上位グループに属する国は、いずれも親米的傾向、親ＩＭＦ、世銀傾向があり、自由主義的市場主義を推進している。

《図６》「輸出品の高度化の推移」は、ハウスマンとクリンガーのラテンアメリカ主要国の輸出品の新しいテクノロジーを使用した高度化の比較であるが、これでも、ブラジル、コロンビア、ペルーが高度化が進んでいるのに対し、ボリビア、ベネズエラ、エクアドルが低下ないし停滞しており、二極化が明瞭である。

三　新自由主義導入後の主要国の動向

これまでコロンビアを主として政治と社会の観点から記述してきたが、改めて経済の観点から整理してみることとしたい。

コロンビアの政治史については、スペインから独立した一九世紀前半から自由主義、民主主義の伝統が確立していたこと、言論の自由の伝統が守られていたこと、他のラテンアメリカ諸国にみられたようなカウデージョの専制政治の歴史が存在しなかったこと、二大政党制が一五〇年以上も続いたこと等の特異性があることを指摘してきたが、もう一つ大変重要な特質として、他のラテンアメリカ諸国で一般的な現象であるハイパーインフレーション等による経済社会の混乱や非常事態を鎮静化するための軍事クーデターが起きていないことがあげられる。歴史上、軍隊が出動して現職の大統領を退任に追い込んだ唯一の事例として、一九五三年に起きたグスタボ・ロハス・ピニージャ将軍によるラウレアーノ・ゴメス大統領の大統領職剝奪があるが、ラ・ビオレンシアの最中の出来事とはいえ、一九五〇年代の経済成長率は平均で五パーセントを記録しており、経済の混乱を原因とするものではない（《図7》「20世紀のコロンビア経済の推移」参照）。

経済の推移を一世紀にわたり見通してみると、経済成長率が低下した時期が四回ある。

第一回目は、一九二九年から一九三一年の米国の大恐慌に端を発する世界大不況の時期である。

〈図7〉20世紀のコロンビア経済の推移

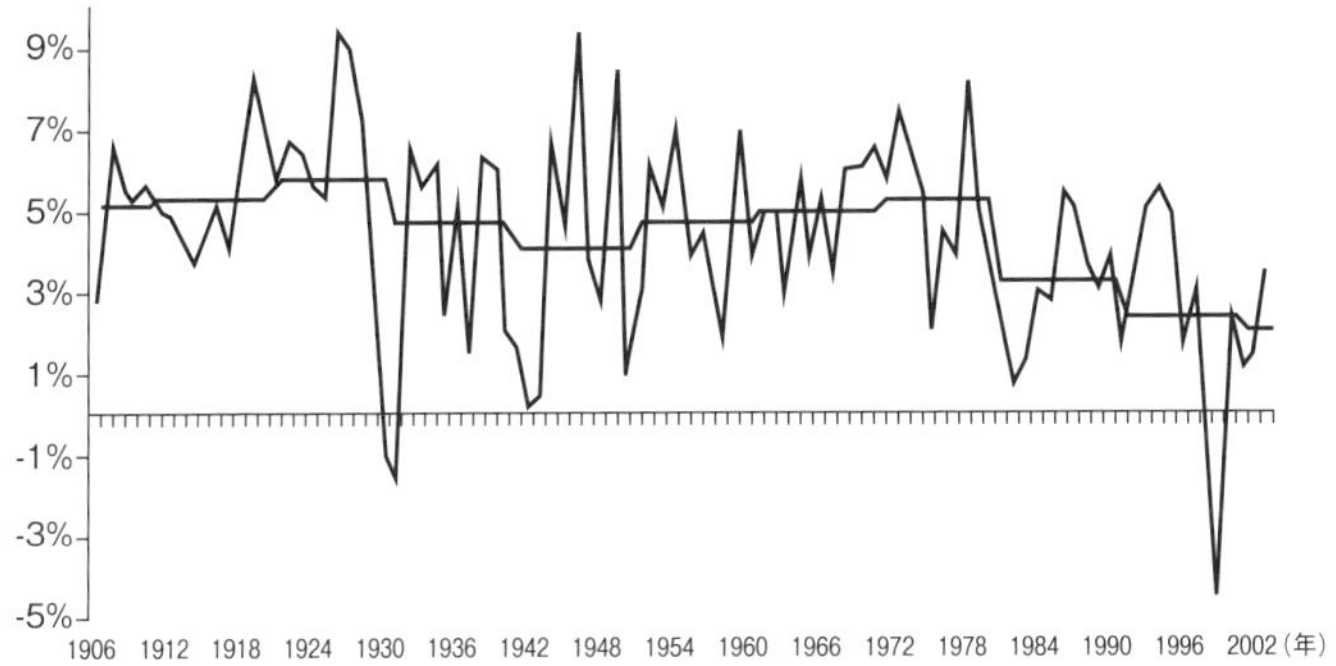

出所：中央銀行、国家統計庁（DANE）

しかし、米国が大恐慌時に五年連続のマイナス成長となり、GDPが半減したことと比較すれば、一九三〇年のマイナス〇・九パーセント、一九三一年のマイナス一・六パーセントというマイナス幅は極めて小幅である。また、一九三二年にはプラス六・六パーセント成長と急速に回復しており、奇跡としか考えられない。コロンビアが大恐慌の影響を短期間でしかも比較的軽度の被害で克服できた理由は、一九三一年に金本位制から離脱して通貨の切下げを行い、また関税を引上げて輸出競争力の強化と貿易収支を維持した効果と一九三二年のペルーのアマゾン国境侵略に対する軍隊派遣のための軍事費の拡大効果とによるとされている。当時の主力輸出品であるコーヒーについては、国際価格は一九三〇年のポンド当たり一・五二ドルが一九三二年には一・二三ドルに下落したが、一九三四年には一・五一ドルに回復し、数量は減少せず全輸出の七割を維持していた。（価格は、一九九四年のドル価格で調整（注））。このコーヒー輸出の景気下支え効果は、コロンビアに固有の要因である。

（注）ＦＮＣ（全国コーヒー生産者連盟）のガブリエル・シルバ前総裁は、リーマン・ショック時に筆者に対し、コーヒーは不況になると人々の飲む回数が増えるので低価格品の消費量が増加する傾向があると話してくれた。コーヒーは、不況による気分の落ち込みを回復させ、元気な気分にしてくれる効果があるといわれている。

第二回目は、一九三九年から一九四三年までの第二次世界大戦の勃発の影響による不況である。コロンビアは連合国側について日独伊に対して宣戦布告を行ったが、軍隊の派兵は行っていない。経済成長率の低下は貿易の減少、特にコーヒーの価格の低下（一九四〇年一ポンド〇・八八ドル）と輸出数量の減少（全輸出量に占める比率が約五割に低下）の影響と考えられる。

第三回目は、一九七九年から一九八三年までの石油危機による原油価格の上昇、メキシコ（一九八二年十一月）、ブラジル（一九八三年二月）の債務危機による信用の収縮、及びコーヒー国際価格の下落（一九七七年の一ポンド五・八三ドルから一九八三年二・〇九ドルまで下落）による不況である。

第四回目は、一九九七年から二〇〇〇年までのメキシコ通貨危機（一九九五年）、アジア通貨危機（一九九七年）、ロシア国債のデフォルト（一九九八年）等を契機に、中南米への資金流入急減による不況である。一九九九年には、経済成長率はマイナス四・二パーセントと落ち込んだが、翌年にはプラス成長に回復している。

このように、二〇世紀の経済を分析すると極めて安定した経済成長を辿っており、不況となった四回はいずれも外的要因による影響であり、国内要因に基づくものではない。第二次世界大戦後の一九六〇年代から一九七〇年代にかけて、ブラジル、メキシコ、アルゼンチン、ベネズエラ、ペルーなどは高い経済成長を達成し、特にメキシコは一九六〇年代に「メキシコの奇跡」と呼ばれたが、コロンビアは平均五パーセント程度の安定成長にとどまった。この時期の我が国のラテンアメリカ諸国に対する対外直接投資のシェアは約三〇パーセントに達した。一方、一九八〇年代と一九九〇年代の二度にわたるメキシコ、ブラジル等ラテンアメリカ諸国の債務危機、通貨危機により、我が国の対外直接投資は急速に減少に転じた。一方、コロンビアは対外債務のリスケジュール等の問題は起こさなかったが、一九八〇年代以降のビオレンシアの影響で直接投資は減少した。

さらに、二〇世紀のラテンアメリカ諸国に共通する特徴は、大きな財政赤字、ハイパーインフレーション、対外収支の悪化という経済、財政運営の問題があり、これが経済の混乱と社会不安を発生させ、債務危機や軍事クーデターという現象を招来した。一方コロンビアには、このような要因による債務危機や軍事クーデター現象が起きていない。

それでは、何故コロンビアには他のラテンアメリカ諸国と同じような現象が生じなかったのか、第二次世界大戦後のラテンアメリカ諸国の経済政策の特徴と経済運営の問題点を指摘し、コロンビアがどのようにそれを回避し克服してきたのかを分析することとしたい。

四　第二次世界大戦後の経済政策

　第二次世界大戦後、他のラテンアメリカ諸国と同様に輸入代替工業化政策を採用してきたコロンビアが債務危機やハイパーインフレーションを経験せず、また債務危機に陥らなかったにもかかわらず自主的に新自由主義政策を採用したのかについて検討してみたい。

　《図7》を見ると、二〇世紀のコロンビアの平均成長率は五パーセントであるが、一九八〇年から二〇〇〇年までの二〇年間の平均成長率は三パーセントに低下している。また、前出の《図3》の生産性も他のラテンアメリカ諸国に約五年遅れて一九八〇年をピークに低下し始めている。すなわち、コロンビアも他のラテンアメリカ諸国と同様に、政府の介入と保護政策により生産性の低下と競争力の喪失という病弊を患った。しかし、コロンビアが債務危機に陥らなかった理由についてカリフォルニア大学のセバスチャン・エドワーズ教授は、コロンビアが歴史的に他のラテンアメリカ諸国が悩まされたストップ・ゴーサイクルを避けるプラグマチックな経済運営を行ってきたからだと指摘している。また、ロス・アンデス大学のミゲル・ウルッティア教授は、このプラグマチックな政策スタンスが、コロンビアにポピュリストが誕生するのを防ぎ、為替レートのクローリング・ペッグ制（一九六七年から採用）に基づき過度のペソ高を回避しつつ安定的なマクロ経済政策を運営することと、漸進的な公共支出政策の遂行を可能にしたと主張している。

前述のとおり、一九七〇年代中頃はコーヒーの国際価格の上昇（一九七五年一ポンド当たり二・二三ドルが一九七七年五・八三ドル、一九九四年のドル価格で調整）により好景気が続いたが、一九七九年の第二次石油ショック、一九八二年からのメキシコ、ブラジルの債務危機による信用収縮、及びその後のコーヒー価格の下落（一九八三年二・〇九ドル）の影響で、急速かつ激しい不況に見舞われた。（注）

（注）当時コロンビアの全輸出に占めるコーヒーの構成割合は、約六〇パーセントと高い比重を占めていた。

ラテンアメリカ諸国に対する国際的な信用収縮と交易条件の悪化という二つの外的ショックに対し、コロンビアの政策当局はペソ為替の調整と保護貿易水準の引上げ措置を講じた（一一六頁《図8》「実質為替レートの推移」参照）。貿易の保護水準については、一九八五年にはラテンアメリカ諸国で最も閉鎖的な国の一つになった。すなわち、一九八〇年の平均名目関税率及び輸入許可と禁止品目割合がそれぞれ二六パーセント、三一パーセントであったものが、一九八五年には、それぞれ七四パーセント、七五パーセントに引き上げられた。

このような措置を改善するため、一九八四年、世銀はコロンビアの保護水準を引下げるための貿易改革プログラムの実施の必要性についてコロンビア政府と協議し、翌一九八五年に「貿易政策及び輸出多様化融資」の供与を承認した。この一連の保護的政策発動は、一九八二年のメキシコに始まり、一九八三年のブラジル、ウルグァイ、ベネズエラ、一九八五年のペルーに至る債務危機によ

〈図8〉実質為替レートの推移

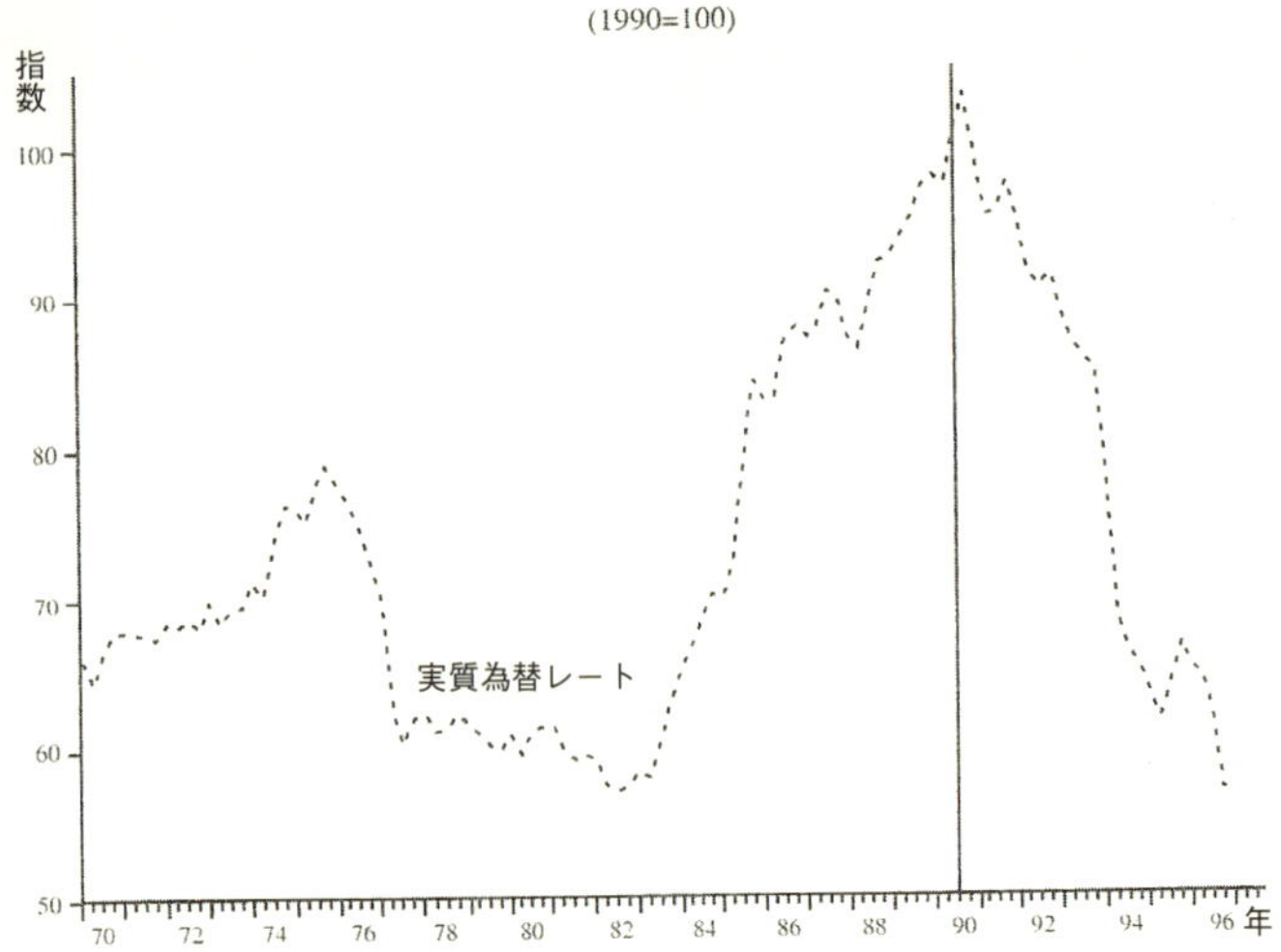

出所：Sebastian Edwards

る〝隣国効果〟により、国際金融市場がコロンビアに対しても信用供与を遮断したことに対する緊急避難措置であった。

ラテンアメリカの主要国の中で、一九八〇年及び一九九〇年代の債務危機をリスケジュールなしで乗り切ったのは、コロンビアとチリの二ヶ国のみであるが、チリは一九七三年の軍事クーデターによりピノチェット政権の軍事独裁体制の下にあったので、民主主義国の中ではコロンビアのみであった。

しかし、為替のミニ調整を続けることで輸出競争力を確保するのにも限界があり、また為替の切下げはインフレ圧力要因となることから、コロンビアの政策当局は次第に市場開放に向けて舵を切り始め、一九九〇年二月、ビルヒリオ・バルコ大統領（Virgilio Barco Vargas 一九八六年～一九九〇年在職、自由党）は、「近代化及び国際化」計画を発表した。

この計画は、第一に、ショック療法を避け、改革を漸進的に実施する、第二に、保護水準の削減は、コロンビアの国際競争力を維持するよう実質為替レートの調整により補償するという二つの条件の下で、有力な民間の圧力団体（繊維と鉄鋼）を説得して決定された。大変興味深いことは、バルコ政権が国民を説得する際にこの改革が世銀等の国際機関から押しつけられたものではなく、また外国の改革の物真似でもないことを強調していることである。ただ、バルコ政権の経済チームは、コロンビア経済が活力を失いつつある中で自由化と市場志向は国際的な流れであり、抗しがたいことを認識しており、ウルッティア教授（当時コロンビア共和国銀行総裁）は、この改革は一部不可避的感覚の所産であったと述べている。

市場開放を本格的に実施するためには、経済制度の根幹の見直しが必要となるが、それを大胆に実行したのが一九九〇年八月に大統領に就任したセサル・アウグスト・ガビリア・トルヒージョ（César Augusto Gaviria Trujillo 一九九〇年〜一九九四年在職、自由党）であり、就任当時四三歳の若き政治家であった。

第四章　ガビリア政権の経済改革

まず、ガビリア大統領の改革について説明する前に、当時の経済状況と社会状況を見ていくこととしたい。

経済状況

コロンビア経済は、一九六〇年代から一九七〇年代にかけて平均して五パーセントを超える安定した経済成長を達成し、所得分配の改善を反映して所得に係るジニ係数が低下傾向を示し、貧困の減少と地域間の格差の縮小が見られた。この時期のコロンビアは、ラテンアメリカ諸国の中で最も優れた経済パフォーマンスを実現した国の一つである。

しかし、一九八〇年代以降、コロンビアの生産性が低下し始め、平均的な経済成長率が三パーセント程度に低下してきた（一二二頁《図9》「20世紀後半の経済成長率の推移」参照）。この時期にコロンビアの潜在成長力が低下したといわれているが、その要因としては次の三点が指摘されている。

第一は、反政府武装ゲリラグループのテロ活動が活発化し、資金調達手段として政府要人や企業家を標的にした誘拐が急増したことである。また、麻薬密売組織特にメデジン・カルテルとの麻薬戦争が始まり、政治家やマスコミ等を標的にした誘拐や殺人が急増した。《図10》のとおり、一九八〇年頃から誘拐、殺人の件数が急増し、治安が著しく悪化したが、これまでの政治的ビオレンシアが地方農村部を中心に発生したのと対照的に、一九八〇年代以降の治安の悪化は、特に大都市部

〈図9〉20世紀後半の経済成長率の推移

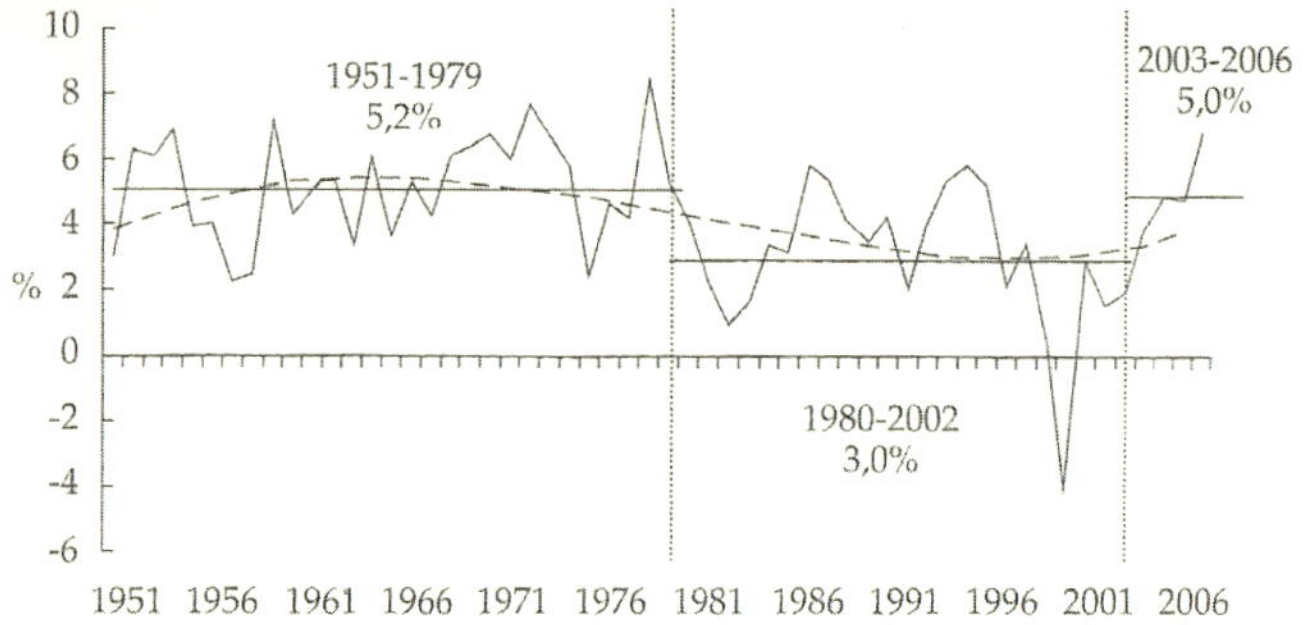

出所：Mauricio Cárdenas

において発生した。

ゲリラ組織による企業家への脅迫と誘拐を避けるため、多くの企業家が国外へ避難せざるを得なくなり、また、民間企業は治安対策として独自に民間の警備会社への委託、ボディガードの雇用、防弾車の配備等の費用負担を強いられ、これが、GDPの一パーセントに相当したという推計がある。国内の投資及び外国人によるコロンビアへの直接投資が低下することによって、潜在成長力が低下したと考えられる（一二四頁《図11》「民間投資の推移」参照）。

第二は、一九七七年頃をピークとするコーヒーブームが終り、一九八〇年代に国際コーヒー価格はブーム時の二〇〜三〇パーセント台まで低下したため、全輸出の六〇パーセントの構成割合を占めていたコーヒーの輸出に与えた影響は極めて大きく、これに原油価格の上昇が加わって、コロンビアの交易条件は著しく悪化

〈図10〉 1964年以降の殺人率と誘拐率の推移

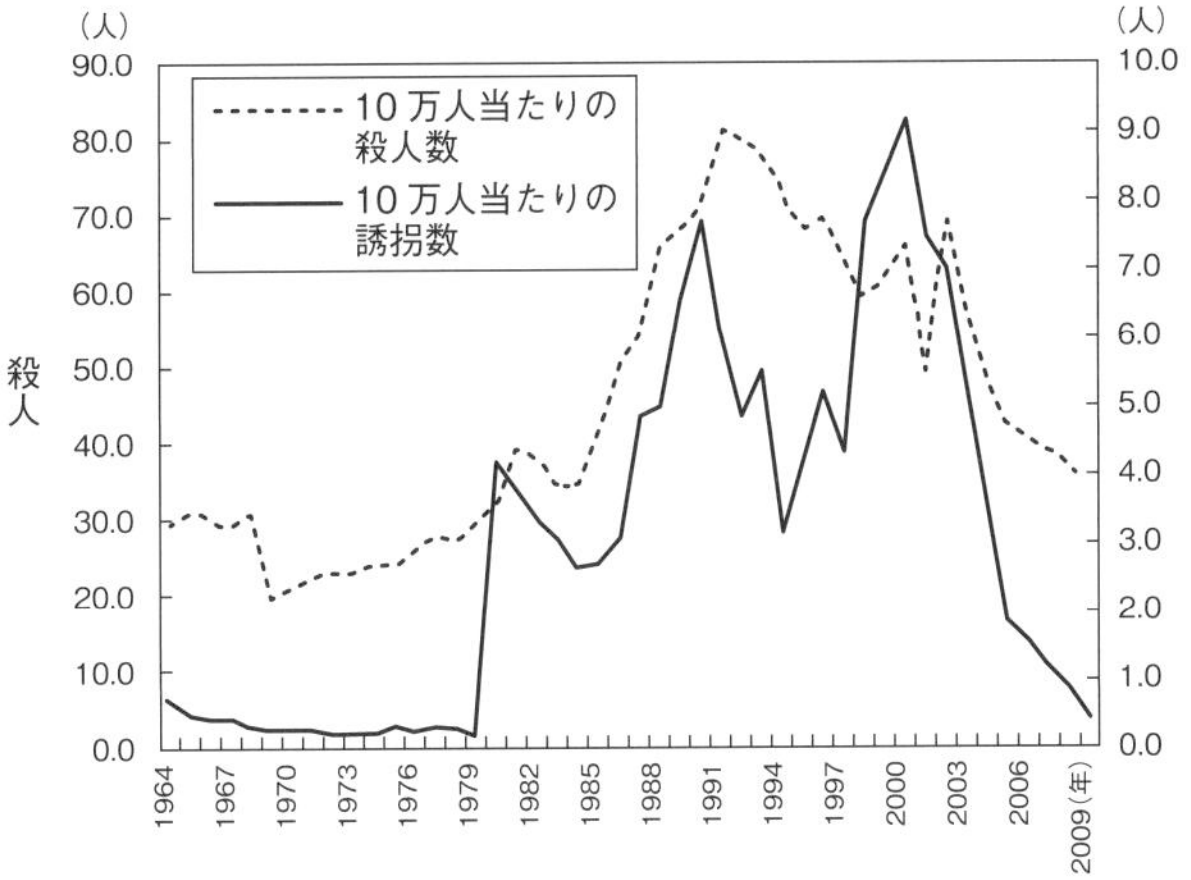

出所：Instituto de Medicina Legal、コロンビア国家警察刑事局（DIJIN）、国家統計庁（DANE）、国家企画庁（DNP）、Fondelobertad

した。

また、一九八二年以来のメキシコ、ブラジル等の債務危機による〝隣国効果〟の影響により、国際金融市場における資金調達が事実上ストップして、民間の二つの財閥系企業が倒産に追い込まれた。この倒産が原因となって二〇以上の銀行、証券会社、保険会社等が政府の監督下に入り、金融証券市場の機能が大きく低下した。(注)

(注) コーヒーブーム前の一九六五年時点の民間企業の資本市場における資金調達割合は約二〇パーセントであったが、一九八五年には、この割合は二パーセントにまで低下した。

このような交易条件の悪化と金融システムの機能不全が、民間企業の設備投資を抑制したと考えられる。

第三は、これまでの輸入代替工業化政策以来

〈図11〉民間投資の推移（GDP比、%）

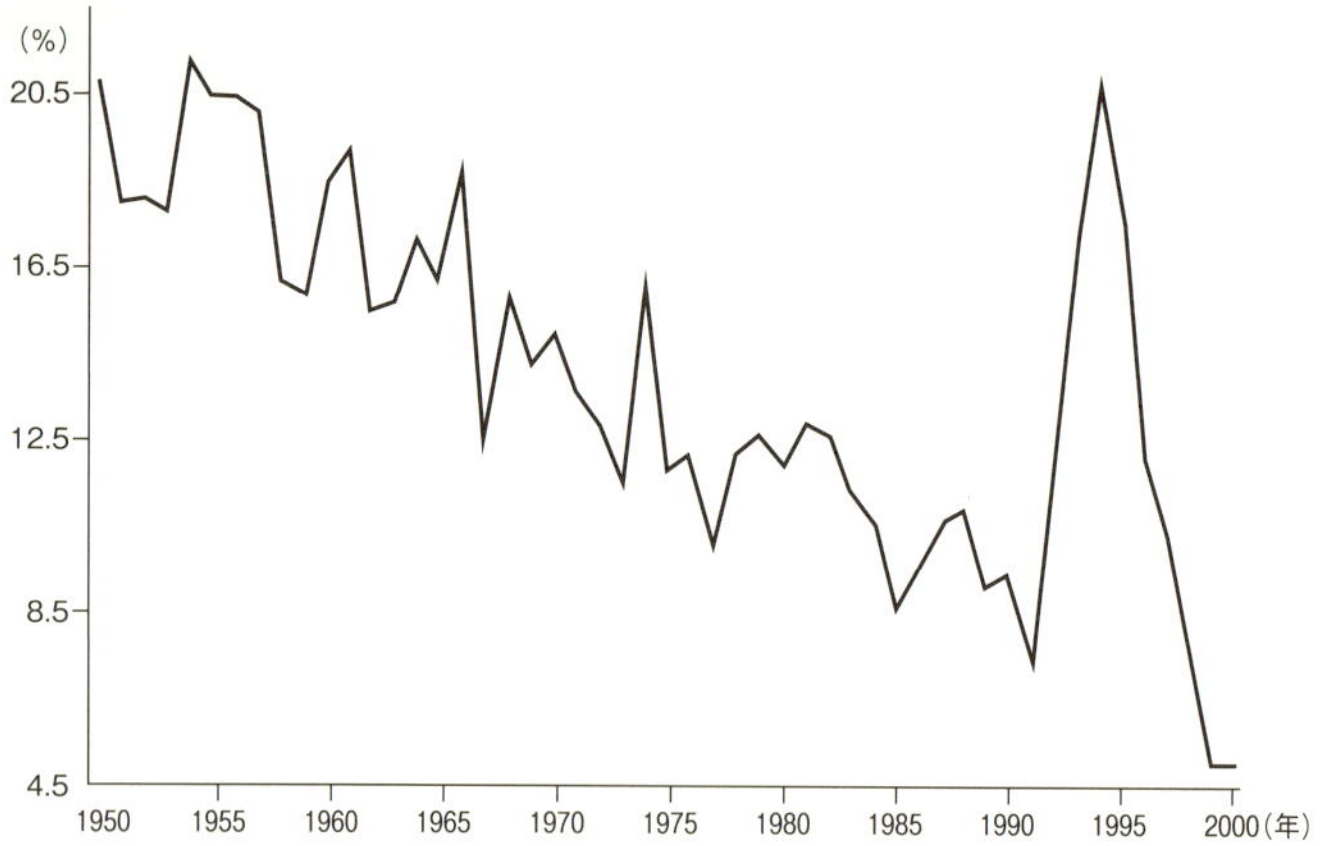

出所：コロンビア中央銀行

の政府の介入の深化が、市場の歪曲化効果と腐敗の弊害を生じさせた。それらの代表的なものを列挙すれば、つぎのとおりである。

①保護貿易水準が高まり、一九八五年には輸入品目の七五パーセントが事前の輸入許可が必要とされた。その後この割合は引き下げられたが、一九八九年時点でも六一パーセントと依然として高い水準であった。

②労働規制は古い法制が維持され、民間企業に大きな負担を強いるものであった。労働者の雇用を守るための規制が正規労働の増加を阻害し、非正規労働を増加させた。

③金融部門については、銀行に窓口規制が課せられ、金利は政府により統制され、長い間実質金利はマイナス水準であった。

④為替管理については、一九六七年以降クローリング・ペック制を採用し、その目的はペソの切上げの防止であった。そのため、継続的

なミニ切下げが経済政策の重要な柱となっていた。

⑤海外直接投資は、アンデス協定（ＣＡＮ）に基づき煩雑な規制がかかっており、実質的に国際経済から分断する効果をもった。

⑥税制については、インフレが課税ベースを浸蝕し、所得に対する二重課税や課税回避が起っており、深刻な問題となっていた。

⑦国営企業は他のラテンアメリカ諸国と比較して主要な地位を占めてはいなかったが、通信、エネルギー及び石油の分野では重要なシェアを持っていた。

⑧インフレ率については、一九七〇年代は平均年率二〇パーセント弱で、ラテンアメリカ諸国の中では最もボラティリティが小さかったが、一九八〇年代に入ると為替の継続的なミニ切下げや制度的にインデクセーションが組み込まれていたことから徐々に高まる傾向にあり、平均年率二三・四パーセントとなった。

他方、工業連盟（ＡＮＤＩ）等民間の利益グループの発言力が増大（一九六〇年に五十一団体であった業界団体は、一九八〇年には百六団体に増加した）し、国民戦線協定の負の遺産の影響で政治が機能せず、改革努力が行われない中で、業界の利益グループが行政を動かすようになった。この結果、民間セクターは業界保護の下で生産性向上の努力を怠る傾向が生まれ、生産性は低下傾向を続けた。

このような経済構造を踏まえ、セサル・ガビリアは、一九九〇年八月七日に大統領に就任すると、直ちにコロンビアの置かれている社会状況を踏まえ、反政府武装ゲリラ組織とメデジン・カルテル等の麻薬密売組織の問題をともに解決するため、ゲリラに対しては投降を求めるとともに憲法制定会議への参加を呼びかけ、メデジン・カルテルに対しては、憲法上米国への引き渡しをしないことを保障しつつ自首させるという手を打つとともに、同時に、ガラン大統領候補の選挙責任者として周到に策定した経済改革と経済の近代化のプランの立法化に取り組んだ。

セサル・ガビリア大統領

次にガビリア大統領の経済改革プランについて、その特徴を述べてみたい。

第一は、大統領選挙の公約として経済改革を掲げて選挙を戦ったことである。前述のとおり、ガビリアは自由党内の新自由主義派のルイス・カルロス・ガランの後継者として指名され、ガランの選挙責任者として選挙公約や経済チームを引き継いだことから、市場主義経済改革を実施することは確定路線であった。

この点が他のラテンアメリカ諸国の市場開放の過程と全く違う点である。例えば、アルゼンチンのカルロス・メネム大統領、ペルーのアルベルト・フジモリ大統領、ベネズエラのカルロス・アンドレス・ペレス大統領、ブラジルのフェルナンド・エンリケ・カルドーソ大統領は、いずれも大統領選挙の公約において市場主義経済改革に反対するキャンペーンを実施して当選し、債務危機の過程でIMF、世銀により市場主義経済を押しつけられた。

ただし、ガビリアの選挙公約自体は急進的なものではなかった。例えば、①政府の介入は市場の失敗を是正するために重要である、②経済の開放は「ゆっくりとかつ部分的に」進めるべきである、③市場開放は輸出補助金等輸出振興プログラムと一体で実施するべきである、④輸入許可制度の廃止は競争力のある国内産品に限るべきである、⑤実質的な為替レートの水準が輸出競争を阻害しないようにするべきである等の公約の表現は、伝統的な経済運営を一挙に改めるというニュアンスではなく、漸進的かつ穏健なものであった。一方で、公約の中には、①コロンビアは統治の危機に陥っており、これを回復するためには県や市町村に社会的サービスの権限を委譲しなければならない、②漸進的な金融改革を行い、国際競争力の強化と利子補給の削減を行う、③外国資本の直接投資をより拡大するように開放するべきある、④より開かれた経済の中で労働市場を改革することが重要である等これまでにない改革の視点が提示されている。

なお、ガビリアの下で政策の策定に当たった経済チーム（〝スイスクラブ〟グループ）は、米国や欧州の有名大学院で最新の経済学を学び、これまで政治活動に参加したことがなく、また国内においてエスタブリッシュされていないメンバーで構成されていたが、ガビリア政権の重要な閣僚や政府の要職に就いて経済改革を推進した。

〈表5〉憲法制定作業と経済改革

年月日	憲　法	経済政策
1990		
8.7	（ガビリア大統領就任）	
8.24	憲法制定会議大統領立法政令	
9		為替管理改革法案提出
10	憲法制定会議選挙の大統領令	金融改革法案、税制法案等提出
12	憲法制定会議選挙	金融改革法、税制法成立
1991.1		労働改革法、為替管理改革法、住宅政策改革法、港湾運営改革法、通商改革法成立
2	憲法制定会議審議開始	貿易政策の自由化方針発表
7	新憲法制定	
9		関税率の引下げ
10	国会議員選挙	
12	新国会召集	

出所：著者作成

第二は、経済改革のスピードと規模が、当初公約で掲げた「ゆっくりとかつ部分的に」ではなく、「極めて迅速にかつ全面的に」となったことである。

ガビリア政権は、一方で憲法制定作業を指揮しながら、他方で経済改革を矢継早に推進していった。どの国でも改革に対しては抵抗勢力が出て来て、改革の勢いを阻止する力を行使するのが一般的であるが、ガビリア政権の一年目は好運にも国民の関心は経済改革には向かなかった。すなわち、最も重要なテーマは憲法改正であり、次にメデジン・カルテル問題であった。このため、ガビリア政権の経済チームは、極めて短期にかつマスコミ等の注目を浴びずに改革法案を国会に提出し、可決していくことができた。

《表5》「憲法制定作業と経済改革」は、

新憲法制定作業が開始され、新憲法の下で国会議員選挙が行われるまでの間に、どの程度経済改革が実現したのかを対比したものである。

驚くべきことに、大統領就任後一ヶ月で次々と改革法が国会に提出され、約半年で市場開放関係の法律がほとんど成立している。

筆者は、旧大蔵省及び財務省で財政構造改革に関する様々な案件に携わってきたので、個々の改革を実現することが如何に困難であるのか身をもって経験している。それ故、このスピードと個々の重要な法律の一括提案には本当に驚き圧倒された。このような改革を成し遂げた大統領に大変興味を持ったので、筆者は当時のガビリア上院議員を公邸にお招きして話を伺う機会を設けた。そこで、自分の経験と感想を述べた上で、包括的な経済改革の成功の秘訣が何であったのか率直に尋ねたところ、元大統領は笑いながら、「改革関連法案を一挙に国会に提出したので、国会議員がその全貌を理解できなかったのではないか」と答えられた。しかし、これは冗談であり、同大統領は党内対策、国会対策及び業界対策を周到に練り上げて臨んでいたと思っている。

第三は、この経済改革に対する各種利害関係団体の態度を的確に見極めて、それに対する適切な対策を講じたことである。

一三〇頁《表6》「経済改革に対する主要関係者の態度」は、セバスチャン・エドワーズとロベルト・スタイナーの共著「未完の変革―ガビリアの改革」の中の表を参考に筆者が作成したものである。なおこの表には登場しないが、米国の麻薬取締局（DEA）は、資本移動の自由化は麻薬密

〈表6〉経済改革に対する主要関係者の態度

	市場開放	為替管理	労働改革	金融改革	民営化
労働組合	強く反対	反対	労働市場の弾力化に反対、新しい組合活性化賛成	反対	強く反対
経済界 Fedecafe（コーヒー）	実質為替レート維持を条件に支持	実質為替レートのボラチリティ増加要因	支持	支持	前向き
SAC（農業）	農産物価格の変動を防ぐことを条件に選択的な解放を支持	反対	支持	反対（農業への利子補給の削減）	
Analdex（輸出業）	実質為替レート維持を条件に支持 輸出補助金削減に反対	資金調達コストの引下げ期待と実質為替レート切上げ懸念	好意的	中立	好意的、特に港湾管理の民営化に賛成
ANDI（工業）	実質為替レートの切下げを条件に受け入れ可能	反対	強く前向き	支持	好意的
Fenalco（商業）	好意的（特に密輸対策の手段として）	好意的	好意的	好意的	複雑
Anif（金融）	漸進的な開放に好意的	好意的	好意的	外資規制を条件に好意的、民間の年金ファンドの創設期待	
Asobancaria（銀行）	好意的	強く好意的国内への外資の仲介を期待	好意的	好意的	好意的
軍	漸進的開放に好意的	複雑	軍の待遇の悪化に反対	特に意見なし	複雑
カトリック教会	中立	中立	一部反対（労働者の既得権の喪失）	中立	中立
市民団体	意見なし	意見なし	意見なし	意見なし	意見なし
政治家	立場による 自由党サンペール派は懐疑的	立場による	立場による	立場による	立場による
官僚	立場による	反対	反対	複雑	反対
麻薬カルテル	複雑（外国の監視が強化されることを警戒）	強く好意的	好意的	資金の流入が容易になることを歓迎	好意的

出所：Sebastian Edwards & Roberto Steiner より筆者作成

売組織の資金回収を容易にするものではないかと危惧し反対したといわれている。

エドワーズとスタイナーは、これら利害関係者の反対を抑えるためガビリア大統領が巧妙に打った戦略を次のように説明している。

（1）政治的連携

ガビリアは大統領選挙後直ちに内閣の人事に着手したが、その眼目は経済改革に反対する可能性のある勢力を閣内に取り込むことであった。

まず、自由党内の政府介入派のリーダーであり、党内の大統領候補決定選挙で争ったエルネスト・サンペールを開発大臣に任命した。また、保守党から四名、元のゲリラ組織M－19から一名、軍から一名、自由党から一一名を起用し、オール与党的な組閣を行った。この組閣の特徴は、一つはゲリラ組織との和平交渉の担当である国防大臣を四〇年ぶりに文民から起用したことと、もう一つは、自由党の中で、国会に対して強い発言力を持ち、また市場開放等自由化に懐疑的であったサンペールを閣内に取り込むことに成功したことである。経済界に大きな影響力を持つサンペールの入閣により、ガビリアは、自由党の伝統的派閥と急激な開放政策に反対していたANDI（工業連盟）等工業界を経済改革に反対しないよう中立化することができ、また経済改革が漸進的に行われるであろうという安心感を与える効果があった。

（2）反対者に対する補償の提供

経済改革の実施に伴い不利益を被る又は被る可能性のある利害関係者に対して、その損害を補償する措置及び損害の惧れに対し将来講じられる措置に対する約束が次々と発動された。

例えば、労働組合で最も勢力の強い官公労に対しては、労働改革の中心である解雇の弾力化を公務員には適用しないと約束し、民間の労働組合には、組合活動を支持し、ILO協定の条項を新労働法に入れることを約束した。

また、経済界に対しては、労働改革を高く売りつけ、さらに実質為替レートを切り上げないと約束した。また、個別の団体毎に追加的な補助金の支出や低利融資を約束した。

軍隊に対しては、国防予算の増額と士官の給与水準の引き上げを約束した。

ガビリア政権発足当初のこのような補償措置又は約束により、利害関係者の経済改革に対する支持ないし少なくとも反対しないという同意の取りつけに成功した。しかし、この手法には、第一に、大統領に対する絶大な信頼があったこと、第二に、誰もそれぞれの利害関係者に対する措置又は約束が整合性がないことに気付かなかったこと、第三に、経済的な補償措置以外のものが含まれていたこと、第四に、実質為替レートの切下げが主たる補償約束であったこと等の特徴があり、時間の経過とともにこれらの約束が維持できなくなった。

（3）効果的なマスコミ対策

ガビリア大統領は、若いジャーナリストであるマウリシオ・バルガスを報道官に任命して広報チームを編成させ、マスコミ対策に当たらせた。広報チームは、情報のリークを通じてマスコミを誘導した。

一九九一年一〇月に新憲法の下で国会議員選挙が行われ、上下両院で自由党が過半数の議席を獲得したが、一二月にサンペールが辞任し閣外に去ったことで、改革の気運は急激に低下することとなった。

次に経済改革のうち特に重要と思われる改革の内容について触れておきたい。

〈図8〉実質為替レートの推移（再掲）

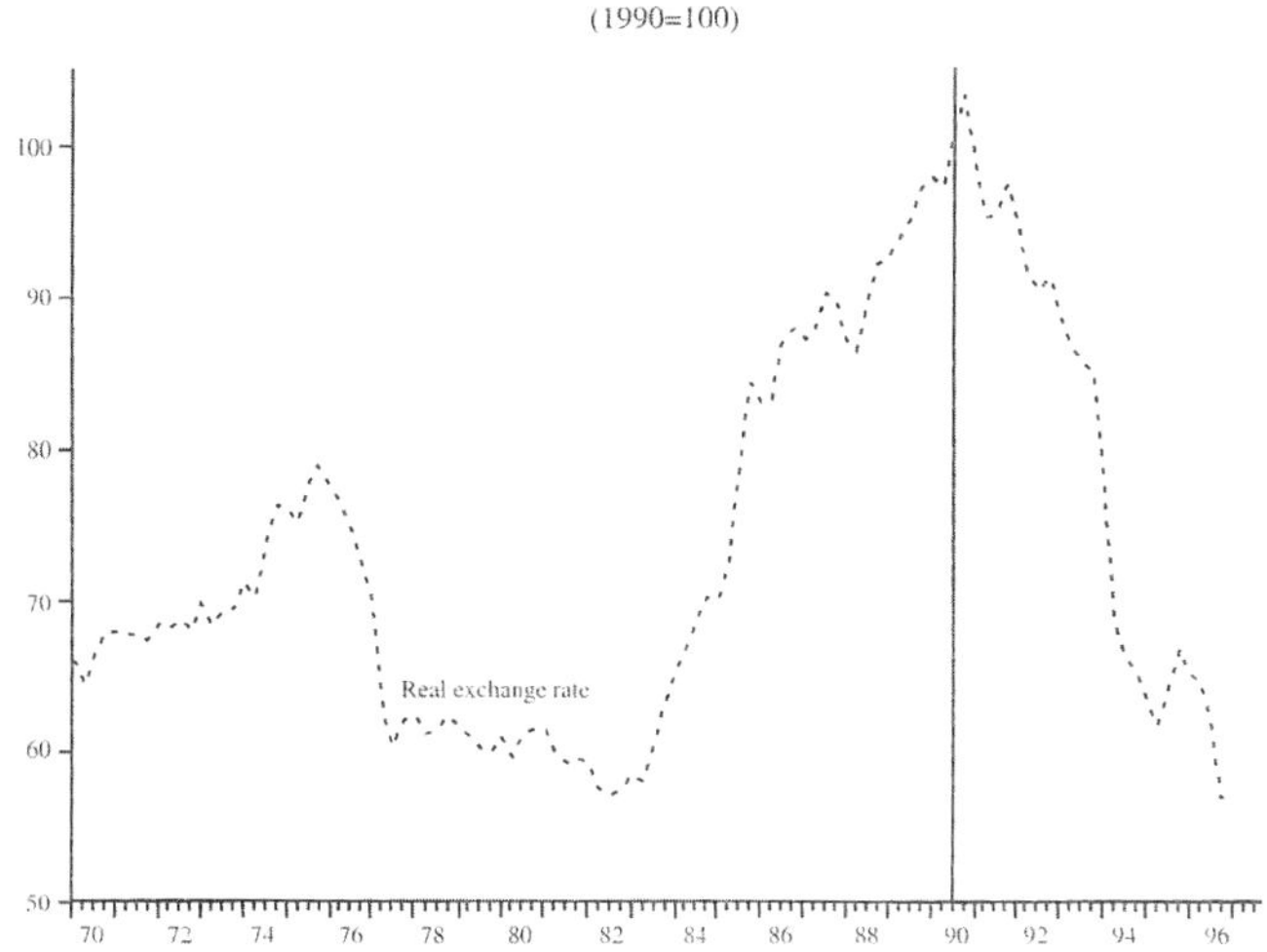

出所：Sebastian Edwards

（1）為替管理改革

一九九一年一月の法律第九号によって、一九六七年以来維持されてきた為替管理が撤廃され、完全に自由化された。コロンビア共和国銀行により長年コントロールされてきた実質為替レートの維持が、コロンビア経済の安定の基本的な政策手段であると考えられていたので、その撤廃は国際的にも注目された。また、この措置に合せて、外貨を国外に貯蔵していたコロンビア人に対する税制上の処罰免除措置が講ぜられたため、大量の資金が国内に還流して実質為替レートの切上げ圧力が高まり、さらに、国内金利水準が高いまま維持されたため、金融改革による資本移動の自由化による短期資金が急激に流入しペソの価値が大きく切上がり、これが経済改革に対する支持がなくなる要因となった（《図8》「実質為替レートの推移」参照）。

しかし、為替管理の撤廃そのものには大きな抵抗がなく、新聞の一面の記事にもならなかった。これは、当時ペソの実質価値は相当切下げられた状況にあり、あまり問題となっていなかったことに加え、元々この為替管理制度そのものが資本の流出入を効果的にコントロールできず、国民が種々の抜け道を利用して順守していなかったためである。ガビリア自身選挙演説において、誰も守らない規制を維持する価値がないと発言していた。

（2）通商政策の改革

通商政策の自由化については、一九八九年からバルコ政権によって着手され、量的規制の廃止と関税率の引下げが実施されていた。またガビリア政権に入って、貿易手続の簡素化、及び制度改革に着手し、一九九一年一月に通商改革法が成立した。

この市場開放のスピードと規模を示したのが、《表7》「実効保護水準の推移」と《表8》「輸入制度の推移」である。

実効保護水準（関税率プラス付加税）が約四〇ポイント引下げられ、輸入許可品目割合が、バルコ政権時代の六〇パーセントから〇・一パー

〈表7〉実効保護水準の推移

（単位：%）

	1990	1991	1992	1993
消費財	108.6	46.6	37.4	36.8
原材料・中間財	58.6	22.0	17.7	17.7
資本財	38.3	18.4	15.0	11.8
その他	42.3	33.4	13.4	10.9
計	65.2	26.6	21.6	21.3

出所：DIAN, DNP, DANE (Sebastian Edwards, Roberto Steiner)

〈表8〉輸入制度の推移

（単位：%）

政権	年・月	自由品目	輸入許可品目	輸入禁止品目
バルコ	1989．12	38．8	60．1	1．1
	1990．2	55．6	43．3	1．0
	1990．6	57．9	41．1	1．0
	1990．7	67．0	33．0	0．0
ガビリア	1991．9	76．4	23．6	0．0
	1991．11	96．7	3．3	0．0
	1992．7	99．9	0．1	0．0

出所:Sebastian Edwards,Roberto Steiner

セント（ほとんどが安全保障に係わる品目）に引下げられた。これは、公約で示した「ゆっくりと漸進的に」という方針を変更する重要な政策転換であった。

この政策転換について、前出のエドワーズとスタイナーは、次の二つの要因をあげている。

第一は、一九九一年三月時点で経済チームが予測した輸入の急増、貿易収支の悪化といった効果が発生せず、逆に貿易収支は黒字化した。

第二は、為替管理の撤廃、国外資金の国内持込みの訴追免除、短期資本の流入に伴い、通貨供給が増加し、インフレ圧力が高まり、実質為替レートが切上った。

これに対して共和国銀行は、外貨準備増加の不胎化、通貨供給量の抑制措置等を講じたが、効果がなく、ガビリア政権にとって、輸出業者の不満とインフレの亢進という二つの政治問題を解決する必要に迫られた。この政策課題に対応するためガビリア大統領はインフレと実質為替レートの切上げを阻止する手段として輸入の拡大を図ることとし、一九九一年五月、自由化のプロセスを加速化するという方針の転換を行った。なお、この転換の決断には、一つは長期にわたる漸進的な自由化は政治的コストが高いと見込まれたこと、また、もう一つはＡＮＤＩ（工業連盟）やＳＡＣ（農業連盟）のような影響力の強い業界団体が反対しなかったことが作用したといわれている。

一九九一年一〇月に自由化プロセスをほぼ完了したが、これがサンペールが閣僚を辞任する決定的な原因となった。

また、これまでの輸入代替工業化政策の中で市場の拡大のために推進してきた地域統合について、市場開放の新しいモデルとして、アンデス共同体を関税同盟に改組する交渉を行い、一九九三年二月交渉が妥結し、一九九五年二月、共通関税が発効した。さらに、メキシコとベネズエラとの間で自由貿易協定（Ｇ－３）を一九九四年六月に締結した。

（３）金融改革

一九九〇年一二月、法律第四五号が成立し、政府に金融市場改革を行う権限を授権した。これに基づいて、ガビリア政権は、翌年三月金融改革プログラムを発表し、内外の金融機関の設立自由化、金利の自由化等を実施した。また、一九八〇年代に政府の監督下に置かれた金融機関の民間移行を行い、民間金融機関の競争を促進した。金融監督については、バーゼルの自己資本規制を導入し、国債の強制的な引受義務を緩和した。

また、一九九一年一月の法律第九号により対内直接投資を自由化し、外資の内国民待遇を定めるとともに事前許可制を廃止した。さらに、外国企業の母国への利益送金の制限を撤廃した。

（４）労働改革

コロンビアの労働法制は、他のラテンアメリカ諸国と同じように、労働者の権利を保護するために厳格で企業に多大の負担をかけるものであった。一九五〇年に制定された労働基本法及び一九六五年の立法政令第二三五一号が基本的な法律であり時代遅れの法制となっていた。特に一〇年超の勤続労働者の解雇が困難であるという特徴があり、それ故に一〇年に達する直前に解雇することが労働慣行になっていた。(注)

(注) オメス、モンテネグロ及びロダの研究によれば、労働者が一〇年以上勤務を継続することができる確率は二・五パーセントであった。

また、退職金制度は、遡及して実質価値を保障する必要があったため、企業にとってはコストの増加要因であるとともに、予見可能性のない負担を強いられる原因となっていた。

さらに、このような労働法制が正規労働の市場を狭め、非正規労働市場を助長する効果を生じていた。

一九九〇年一二月の法律第五〇号による労働法制の改革のポイントは次の三点である。

第一は、雇用契約の弾力化と人件費の削減である。旧法制下では、雇用契約がない場合でも一定の雇用契約を締結したと推定されて、ボーナス、退職金等の支払いが義務づけられたが、新法律によりこの推定が廃止され、弾力的に契約を締結することができるようになった。例えば、旧制度では一年未満の雇用契約を締結できなかったので、派遣会社を活用するしかなかったが、新制度では一年未満の短期の雇用契約が可能になった。

最も問題であった一〇年超勤務労働者の正当な理由のない解雇については、旧制度は、①一定の算式により計算した補償金の支払い、②雇用主が将来労働者を増やす場合の「復職権」、③解雇された労働者が新たな職を見つけるまでの失業期間中の給与の支払い、④解雇された労働者に対する補償年金の支払いを義務づけていた。新法は、まず①労働者が社会保険機構に加入している場合には、補償年金の支払い義務を廃止し、②正当な理由のない解雇の場合の補償金を増額する代りに、復職権と失業中の給与の支払いを廃止した。

オメス・モンテネグロ及びロダの試算によれば、この改革により一〇年以上勤続労働者の解雇費用は五六パーセント削減された。

退職金制度については、旧制度では、労働者は毎年一ヶ月分の給与相当額に一二パーセントの利子を加えた額を退職金として受け取る権利を有し、雇用主はこれを預り金として運用して、退職時に運用金とともに支給することとなっていた。ただし、労働者は勤務継続中でも住宅を購入する場合にはこれを引き出すことができた。しかし、雇用主は、この退職預り金が引き出された場合であっても、労働者の退職時には預り金に相当する額の運用益相当分を支給する義務があり、企業の退職金債務が確定しない要因とともに負担となっていた。

法律第五〇号は、退職金に係る民間のファンドを設立し、企業は毎年労働者に対して一ヶ月分の給与相当額に一二パーセントの利子を加えた額をそのファンドに拠出して債務を完全に消滅させることができることとした。労働者は従来と同様に住宅購入資金及び子供の高等教育の費用に充てる場合には、退職金ファンドから必要な資金を引き出すことができる。

第二は、労働者の権利の保護である。

法律第五〇号は、倒産した企業に対する債務について労働債権がすべての債権に優先することを規定した。

また、妊娠休暇を八週から一二週に拡大し、妊婦にそのうち一週間を夫又は内縁の夫に譲渡できる権利を与えた。

第三は、労働組合活動の促進である。

コロンビアでは、一九六五年の労働法制の整備により労働者の組織率が一五・八パーセントまで達したが、その後次第に低下し、一九九〇年には、労働組合数二千二五六、組織率七・八パーセントとなっていた。これは、労働組合の設立は労働省の認可事項であり、その手続が極めて煩雑であったこと及び中小企業の場合、少数の組合労働者の解雇により労働組合設立のための最低組合員数要件を欠くことになるといった事情があったことによるとされている。

コロンビアは、ＩＬＯ条約に加入していたが、国内法制が十分に整備されていなかった。なお、新憲法第五三条は、正式に批准された労働に関する国際協定は、国内法として有効であるという規定を設けている。

法律第五〇号は、まず、労働組合設立手続の大部分を廃止し、労働組合の設立行為が登記された段階で自動的に設立が成立することとした。次に、旧法制下で認められなかった労働組合の政治活動、宗教活動への参加を認め、また、労働協約交渉がまとまらない場合の政府の介入義務を廃止した。さらに、ストライキについて、旧法制下では労働者集会で労働者の過半数の賛成が必要であったが、新法では、労働者の過半数が組合に所属している場合には、組合員の過半数の賛成で決議できることとなった。

なお、政府が提案した労働改革法案には、年金制度改革等が含まれていたが、国会は年金等社会保障制度については、別途切り離して審議することとした。

(5) 社会保障制度改革

ガビリア大統領は退任の際、自分の政権で最も重要な改革は年金と医療の一般制度を定めた一九九三年法律第一〇〇号だったと述懐したとされる(エドワーズとスタイナーの前出書)。また、当時上院議員としてこの社会保障制度改革を推進したウリベ前大統領は「多くのラテンアメリカの国は、社会保障制度改革を独裁的な政府の下で実施したが、コロンビアの場合には、複数政党より成る国会で意見の対立、相違及び参加を伴った民主主義の場で実現した」と指摘し自画自賛している。

社会保障制度改革について、年金と医療に分けて述べていくことにしたい。

年金改革

コロンビアの年金制度は、沿革的には労働協約の中で雇用主の義務として始まった。しかし、従業員十人未満の零細企業、及び専門職や技術職でない自営業者、家事補助者、日雇い労働者等の非正規労働者は、その割合が六〇パーセント程度であるにもかかわらずこの制度の対象となっていないという問題があった。すなわち、ガビリア政権発足当時の年金制度は、一九六七年に官民の年金格差を縮小するために制定された保険方式による確定給付型の年金制度であった。国家公務員に対する支払機関としては、一九四六年に「国家社会保障金庫」(Ｃａｊａｎａｌ)が設立されていたが、民間労働者の年金管理機関として、一九六七年に「社会保険機構」(ＩＳＳ)が設立され、月給の六・五パーセント相当の保険料を労働者三分の一、雇用主三分の二の負担割合で受け入れ、その積立金を運用管理し、一定の要件を満たしたものに年金を給付した。(注)

(注)国家公務員の場合には、一九六七年以降、保険料負担割合は、公務員一五パーセント、国八五パーセントとなっていた。

しかし、ＩＳＳの運営状況を見ると、当初約十年間は積立金が増加したが、一九八〇年代に入り、この保険制度への加入者が毎年平均四・二パーセント増加したのに対して年金受給者が毎年平均一三・五パーセント増加したため、加入者と受給者の比率が縮小し、積立金が減少して持続可能性が問題となってきていた。なお、年金財政の悪化のもう一つの問題として、年金額の算定が受給資格発生直前二年間の月給の平均を基礎としていたため、それ以前の月給を過少申告したり、ＩＳＳの管理経費が汚職で高くなっていたという要因が指摘されている。

ガビリア大統領は、就任演説において、現行の社会保険方式による確定給付型の基礎的年金に加えて自営労働者の自主的参加が可能な拠出型の補完的年金制度を提案し、その内容を労働改革法案の中に盛り込んで提出した。しかし、前述のとおり、この年金改革部分は分離して、後日審議することとされた。

この取扱いは憲法制定会議に引き継がれた。新憲法は、第四八条第一項で、「社会保障は、国の指示、調整及び統制の下で、効率性、普遍性及び連帯性の原則に従い、法律の定める条件に基づいて提供される義務的な公共サービスである」と規定し、また同条第三項で、「国は、個人の参加を得て、法律が定める方法によりサービスの提供を含む社会保障の対象範囲を漸次拡大する」と定めている。また附則第五七条で、「政府は、この憲法施行後一八〇日以内に社会保障に関する制度を提案するため、政府、労働組合、経済団体、政党、農民、非正規労働者から構成される委員会を設立しなければならない。この提案は、国会の審議を受けなければならない事項を規定する法律案の作成上、政府案の基本となる」と規定している。

一九九二年に政府が国会に提案した年金改革案は、確定給付型の基礎年金に民間のファンドを用いた確定拠出型の補完年金を組み合わせたものであった。これに対し、証券会社や信託会社など資金運用業務を行う金融機関の組織である全国金融機関協会（ＡＮＩＦ）は、すべての年金保険料が民間のファンドで運用されるよう要求して強く反対した。国会の審議においては、政府案があまりに野心的であるという意見と極めて臆病であるという意見に分かれ、さらに拠出された保険料の運用について資本市場を育成し、個人貯蓄を増やす効果がある反面、運用のリスクを抱えている問題や、個人の拠出金について透明性がある反面、世代間の助け合いや連帯を欠く問題が論点となった。

ＡＮＩＦが政府案に反対の立場から、確定給付型の年金と確定拠出型の年金の選択制を提案し、これが一九九三年法律第一〇〇号による「一般年金制度」の基本となった。

「一般年金制度」の概要は次のとおりである。

（イ）一般年金制度の仕組み

①公務員の年金と民間労働者の年金の制度を統一する。

②従来の確定給付型年金と新たな確定拠出型年金の二つのシステムを並存させ、労働者の選択制とする。

③保険料は、両制度に共通とし、確定拠出型の運用については実質最低利回りを保証する。

④確定拠出型年金の管理組織として、年金資金管理機関（ＡＦＰ）を設立する。

⑤最低年金額は最低賃金と同額とする。

（ロ）年金財政改革のための施策

①保険料を標準報酬の六・五パーセントから段階的に一三・五パーセントまで引き上げる。

②保険料の内四分の三を雇用主負担、四分の一を労働者負担とする。

③年金受給年齢を男子六〇歳、女子五五歳へ引き上げる。

④確定給付型年金の年金額の計算を年金支給直近二年の月給平均から直近一〇年平均に改める。

⑤確定給付型年金を事実上加入抑制し、優遇措置を廃止（既得権は維持）する。

（ハ）問題点

①軍人警察官及び教職員組合員は一般年金制度から除外し、従来の制度が維持された。

②過去に経過措置として認められた法律の要件を満たさない年金受給者等が見直されなかった。
③一九八八年以前に受給開始した年金受給者に対し、年金の実質購買力の低下を補うため年金の一ヶ月分を上乗せする措置を実施する（後に憲法裁判所によりこの措置をすべての受給者に拡大）。この結果、年金債務の国庫負担はGDPの二〇〇パーセントに達すると見込まれた。

このように、一九九三年の一般年金制度は国会審議の過程で大幅に修正され、政府案の基礎年金と補完年金の組合せという思想が完全に脱落し、さらに長期の経過措置等年金財政に負担をかけるものとなったが、皮肉なことにこの改革の実現のために最も努力したウリベ上院議員が大統領に就任した際、再度改革を迫られることとなった。その際問題となったのは、年金の加入率が一九九一年憲法制定当時の二五パーセント程度からほとんど改善されていないという状況、年金の支給額に対する国庫負担割合は約九〇パーセントと極めて高いが、国庫負担金の約八〇パーセントは所得階層上位二〇パーセントの人々が受け取っているという公平性の問題及び年金財政の持続可能性の問題である。

医療改革

コロンビアの医療制度の歴史は一九四五年に公務員のために創設された予防基金（CNP）に始まり、民間の労働者に対しては、一九六七年に設立された「社会保険機構」（ISS）が公的保険制度により医療サービスを提供した。しかし、CNPとISSによる公的な医療サービスの提供は、人口の一五パーセント程度を占めていたに過ぎず、その他の一五パーセントは民間の医療保険に加入するか又は直接民間病院を利用し、残りの七〇パーセントの国民は限られた設備しかない公立病院を利用するしか方法がなかった。

新憲法は、医療について第四九条第一項で、「医療の提供及び生活環境の改善は、国の責務としての公共サービスである。何人に対しても、健康の増進、保護及び回復のサービスを受けることを保障する」と規定し、またその方法については、同条第三項で、「医療サービスは、様々な治療水準に応じ、地方自治体の参加の下に分権化した形で組織されなければならない」とし、また同条第四項で、「法律により、すべての国民に対する基礎的な治療が無料でかつ義務的であるような態様を定める」と規定している。また、医療に係る財源については、第三五六条第四項で、「県、法律指定市及び市町村の一般分与制度(注)の財源は、その権限事務のサービスを提供するための財源に充てられ、医療サービス、就学前、小学、中学、高校教育サービス並びに飲料水及び下水道を住宅に供給するサービスを優先し、貧困住民に重点を置いてサービスの提供と対象範囲の拡大を保障する」と規定し、さらに同条第九項で、「医療と教育分野に割り当てられる財源の額は、この憲法改正の公布時にそれぞれの分野に移転されていた金額を下廻ることはできない」と規定し、医療サービスに対する予算の増額を憲法上義務づけている。

(注) 一般分与制度とは、中央政府が地方政府に委譲した事務の実施に要する経費の財源として地方政府に交付する財源交付システムであり、一般財源ではない。

この憲法上の要請に基づき、年金制度とともに一九九三年法律第一〇〇号により、「一般医療保障制度」が制定された。

「一般医療保障制度」の概要は次のとおりである。

(イ) 一般医療保障制度の仕組み

①この制度は、保険方式により医療サービスを提供する体系と税方式により医療サービスを提供する体系の二本立てで構成される。

保険方式の場合、労働者は月給の一二パーセントに相当する保険料(うち労働者負担三分の一、雇用主負担三分の二)を加入したい医療推進企業(EPS)に支払い、EPSが契約するか又は自ら経営する医療施設で医療サービスを受ける。なお、自営業者や請負契約による労働者は、保険料を全額負担する。

税方式の場合、保険方式に加入できない貧困、弱者及びその家族を対象とし、税方式管理機関(ARS)が医療サービスに係る経費を支払う。税方式への加入は、市町村が「社会保障受益者選定システム(SISBEN)を通じ、加入者の経済状況を確認して承認する。

②一般医療保障制度は、すべての国民に共通の最低限の医療サービスを保障することを目的としており、医療に関する国家社会保障審議会が決定する「義務的医療計画」(POS)において医療サービスの水準及び内容が定められる(注)。

（注）実際は、保険方式の方が医療サービスの内容が充実しており、高度の治療が受けられるといわれている。

③保険方式の財源は、加入者の保険料であるが、保険料のうち一パーセント相当分（保険料収入の八・三パーセント相当額）は、税方式の財源として拠出される。

税方式の財源は、国の補助金、国から市町村に交付される一般分与制度による交付金を財源とする市町村の拠出金及び保険方式からの拠出金である。

（ロ）一般医療保障制度の特徴と問題点

①二〇〇九年現在、税方式への加入者は約二千三〇〇万人、保険方式への加入者は約一千八〇〇万人で、合計四千一〇〇万人となり、加入者割合は約九〇パーセントである。一九九三年にこの制度が発足した時点での加入者割合が二四パーセントであったのと比較すれば、この医療制度のカバレッジは着実に拡大している。

②しかし、税方式管理機関（ＡＲＢ）の財政が大幅な赤字に陥っており、二〇〇九年に約五億ドル（対前年一一六パーセント増）の赤字が見込まれている。そのため、政府は、二〇〇九年一一月に社会的非常事態を宣告し、これに基づき二〇一〇年一月緊急立法政令により、二〇一一年までの時限措置としてタバコとアルコールの増税を決定した。

この緊急立法政令による増税措置について、憲法裁判所は、憲法が定める非常事態の要件である「重大かつ急迫」性がないとして、非常事態政令を無効としたが、増税は二〇一〇年に限り有効とした。

③テロ犯罪、自然災害、交通事故等による被害者の救済のため、一般医療保障制度とは別に「連帯保障基金」（ＦＯＳＹＧＡ）が設けられ、保険方式からの拠出金、自動車強制保険の財源、および地方政府からの拠出金で賄われている。しかし、ＦＯＳＹＧＡも財源不足となっており、例えば、地雷による被害者の治療、リハビリ訓練などは無料で受けられるが、ＦＯＳＹＧＡの支払いが遅延しているため、治療を拒否する病院が出ている。
④公立病院は、国から県に対して交付される一般分与制度による財源と宝くじ及びギャンブルの収益金の一部により運営されている。

コロンビアの医療制度を概括的に示したのが《図12》「コロンビアの医療制度の構造」である。

一九九三年法律第一〇〇号による年金、医療制度改革は、一九九一年憲法の制定に関与した憲法制定会議議員のコロンビアの社会構造を国民の連帯により改善したいという強い願望を具体化したものであるが、大変印象的なことは、憲法制定後約二十年間で国の予算規模は、ＧＤＰ比で約一〇パーセントから約二二パーセントへ一二ポイント拡大し、そのうち年金、医療に係る支出規模が五ポイント拡大していることである。

（６）税制改革

一九九〇年法律第四九号により、まずコロンビア人が外国に貯蔵した外貨を国内に還流させる場合に税制上の処罰免除を定めるとともに、市場開放のための関税の引下げと付加価値税（Ｉ

〈図12〉コロンビアの医療制度の構造

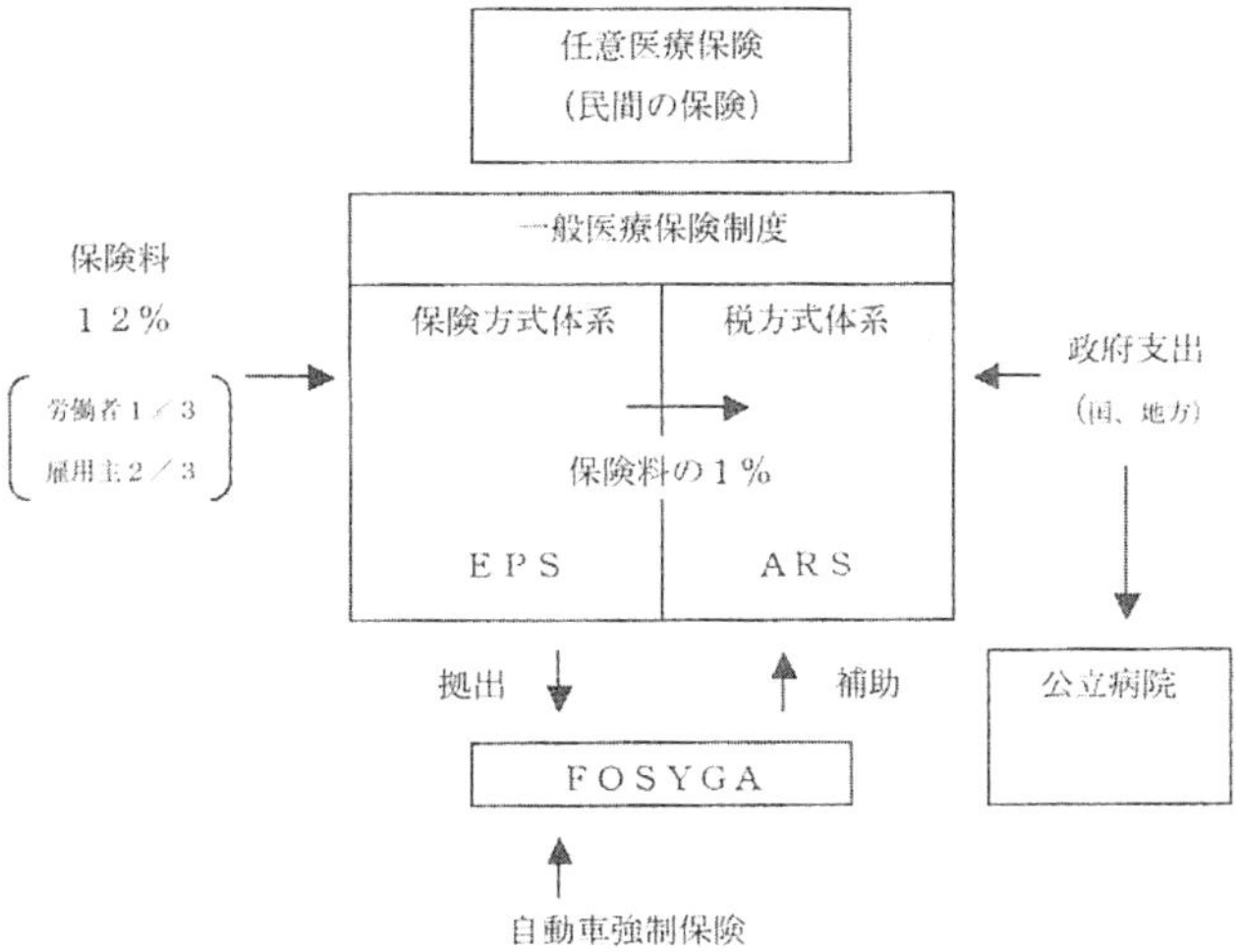

出所：筆者作成

ＶＡ）の税率引上げ（一〇パーセントを一二パーセントへ）を実施した。

また、一九九二年法律第六号により、所得・法人税の基本税率三〇パーセントに対する付加税二五パーセント（税率で三七・五パーセント）を定めるとともに、付加価値税（ＩＶＡ）の税率を一二パーセントから一四パーセントに引き上げるとともに、ぜいたく品に対する三五～四五パーセントの税率を創設した。

しかし、これらの改正は、いずれも財源調達を目的とするものであり、本格的な税制構造を見直す作業ではなかった。コロンビアの税制は、所得・法人税と付加価値税で税収の八〇パーセントを占め、次いで関税が七パーセント、金融取引税が五パーセントという構造となっている。税収はＧＤＰ比で約一七パーセントであり、ラテンアメリカ諸国では平均的規模である。

コロンビアの税制の問題は、次の三点であると指摘されている。

第一は、所得・法人税（コロンビアでは一本の税目となっている）は、税収全体の四〇パーセントで税収はＧＤＰの六・七パーセントであるが、法人に対する多くの特別措置により、課税ベースが狭められ、徴収できない税収規模はＧＤＰの二パーセントに達すると見込まれている。

第二は、個人に対する所得税の課税が極めて限られており、所得税を納税している個人は約百万人で、税収は、所得・法人税収全体の五パーセント程度に過ぎないことである。

第三は、一九九八年に創設された金融取引税で、パストラーナ政権時代のアジア通貨危機に端を発する金融危機対策の財源であったものが、その後も継続している。これは、銀行の当座預金、貯蓄性預金の利用の際、取引金額の千分の四（創設当初は千分の二）を税として納付するものであり、金融取引を歪曲する効果を持つとして、金融界から反対されている。

ガビリア大統領は、一九九二年に税制の抜本改革を行う予定であったが、サンペールの辞職後国会における改革反対派が勢いを増し、また輸出業界（ＡＮＡＬＤＥＸ）、農業団体（ＳＡＣ）等が反対派に転向したことから、国民に不人気な政策を継続することができなくなった。

このように、ガビリア政権の経済改革は、市場開放、自由化政策は極めて迅速かつ短期に実現したが、その後の年金の制度改革や税制改革は不完全な形に留まり、将来に課題を残した。

しかし、約百年ぶりに憲法を全面改正して政治改革を成し遂げ、メデジン・カルテルを解体し、市場開放、自由化を一期四年で実行した功績は、高く評価されるべきものと確信する。

ガビリア大統領による憲法の全面改正と包括的な経済構造改革は、我が国における戦後のＧＨＱによる憲法制定と経済改革に匹敵する大改革であり、しかもその改革を他国から強制されず自らのイニシアチブにより民主主義的手続きを経て何ら混乱を生じさせずに実現させたことは、世界史的にも前例のないものであり奇跡としか言いようがない。

第五章　ウリベ政権の経済改革

ガビリア大統領を継いだ自由党のサンペール大統領は、大統領選挙の資金を麻薬密売組織であるカリ・カルテルから受け取ったという疑惑問題で、期待された政権運営ができないまま終った。また、米国政府からもこの疑惑問題のために十分な協力が得られなかったが、麻薬対策には極めて積極的に取り組んだことは逆説的であった。

その次の保守党系のアンドレス・パストラーナ大統領は、左翼ゲリラ組織のFARCとの和平交渉に取り組んだが、何ら成果が出ないままFARCの勢力が拡張する状況の中で交渉の中断に追い込まれ、治安の悪化を招いた。また、アジア通貨危機（一九九七年）、ロシア危機（一九九八年）を契機に中南米への資金流入が急減し、コロンビア経済に深刻な影響を与えて、一九九九年の経済成長率はマイナス四・二パーセントに落ち込み、パストラーナ政権は後ろ向きの政策対応に追われた。

このように、ガビリア政権以降八年間は経済運営に大きな変化は見られなかったが、次のウリベ大統領は、経済財政構造改革を推進した。

二〇〇二年八月に就任したウリベ大統領の政策の基本は、次の三本柱から成り立っている。

第一は、前述のとおり、パストラーナ前大統領の対FARC和平路線の結果悪化した治安情勢を改善する「民主的治安対策」である。

治安対策のため、政府軍の兵士を二〇〇一年の十六万七千人から二〇〇九年の二八万五千人に、また警察官を一〇万二千人から一五万二千人にそれぞれ増強し、全国の市町村に警察を配置した。

この治安体制強化のため、就任の一週間後に財産税復活の立法政令を公布し、さらに法律第七八八号により、二〇〇三年から所得・法人税の基本税率に一〇パーセント相当の付加税を課すとともに、基本税率一六パーセントは維持しつつ付加価値税（ＩＶＡ）に特定の財・サービスに対する特別税率を設け、また自動車税を増税した。

この治安対策の成果は前述のとおり、非合法武装勢力については、二〇〇六年八月までにパラミリタリーの三万千六八九名の構成員が武装放棄を行い、左翼ゲリラ組織のＦＡＲＣ、ＥＬＮの正規兵力はそれぞれ半減した。

治安統計で、ウリベ大統領就任前と二〇〇九年を比較すると、殺人発生件数は四三パーセント減、誘拐発生件数は九三パーセント減、テロ事件は五九パーセント減とそれぞれ著しい改善を示している。

第二は、投資の促進である。

一九八〇年代から低下したとされる潜在成長力を高めるために、ウリベ大統領は投資の促進を政策の第二の柱として掲げた。

コロンビアの民間貯蓄は、一九九〇年代はＧＤＰ比一五パーセント程度で安定していたため、ＧＤＰに占める投資の割合をそれ以上引き上げるためには、外国の直接投資を誘致する必要があり、次のような種々の政策を実施した。

①投資保護協定、自由貿易協定及び二重課税防止条約の締結

セサル・ガビリア大統領（右）と筆者（左）

（注）日本は、二〇〇九年に投資保護協定の交渉を開始し、二〇一一年九月に同協定を締結。さらに、二〇一二年から経済連携協定（ＥＰＡ）の交渉を開始している。

②フリーゾーンの設置

既に国内に五一ヶ所設置しているが、今後さらに四一ヶ所設置予定である。フリーゾーンに進出した企業には、法人税の基本税率三五パーセントを一五パーセントに軽減する等の各種優遇措置を講じている。

③直接投資手続きの簡素化と投資家保護

既に一九九一年の外資法により制度的に自由化されているが、手続の簡素化、ディスクロージャ等の透明性の確保、少数株主権の保護等を改善している。

（注）その結果、世銀の〝DOING BUSINESS 2015〟のランキングにおいて、コロンビアは一八九ヶ国

中総合で三四位に前進し、特に投資家保護の項目では日本を上回る一〇位にランクされている。

④投資家に将来の制度変更のリスク負担を回避させるため、投資額の一定割合を支払うことで政府と二〇年間、投資時の制度を保証する安定契約を締結することができる。

このような政策の推進により、ウリベ政権前のコロンビアに対する対内直接投資は年間二〇億ドル程度の水準であったが、最近は百億ドル程度の水準に上昇している。この結果、ラテンアメリカ諸国に対する直接投資の動向を見ると、コロンビアはブラジル、メキシコ、チリに継いで四位と高い位置を占めている。

《表9》「実質GDPの内訳とその推移」のとおり、GDPに占める投資の割合は、二〇〇一年の一四・九パーセントからリーマン・ショック後の二〇〇九年においても二四・〇パーセントに約九ポイント上昇している。

(注) この傾向は、サントス大統領就任後も続いており、二〇一一年から二〇一三年まで、二七パーセント台を維持し、二〇一四年は二九・五パーセントとなった。このように、ウリベ政権の投資促進政策の効果が着実に継続している。

第三は、福祉の充実である。

ウリベ大統領は、一期目から福祉の充実に重点を置いていたが、二期目の国家開発計画(二〇〇

〈表９〉実質ＧＤＰの内訳とその推移

（単位：10億ペソ）

	2001	対GDP比	2007	対GDP比	2008	対GDP比	2009	対GDP比	備考 09/01（倍）	（参考）2014	対GDP比
消費	245,071	84.7	315,498	81.6	322,727	81.3	326,856	81.6	1.3	424,447	82.2
	(2.0)		(6.5)		(2.3)		(1.3)			(4.7)	
（うち政府支出）	46,621	16.4	58,843	15.2	60,286	15.2	61,824	15.4	1.3	89,877	17.4
	(1.6)		(4.2)		(2.5)		(2.6)			(6.2)	
投資	43,232	14.9	88,963	23.0	93,213	23.5	96,175	24.0	2.2	152,398	29.5
	(9.2)		(13.8)		(4.8)		(3.2)			(11.7)	
輸出	50,699	17.5	67,153	17.4	73,029	18.4	70,199	17.5	1.4	83,901	16.2
	(0.8)		(7.8)		(8.8)		(▲3.9)			(▲1.7)	
輸入	47,921	16.6	88,536	22.9	96,300	24.3	87,641	21.9	1.8	149,646	29.0
	(10.2)		(15.2)		(8.8)		(▲9.0)			(9.2)	
実質GDP	289,478	100.0	386,534	100.0	397,089	100.0	400,387	100.0	1.4	516,619	100.0
	(1.8)		(6.1)		(2.7)		(0.8)			(4.6)	

（ ）内は対前年伸率：％

出所：DANG

六〜二〇一〇）を「共同体国家—全国民のための発展」と名付け、貧困の削減と平等の促進のため、意欲的な数値目標を定めて政策運営を行った。例えば貧困削減について、貧困率（基礎的生活必需品が満たされない人の割合）を四五パーセントから三五パーセントに削減し、極貧率（基礎的食料が満たされない人の割合）を一二パーセントから八パーセントに削減するとした。また、医療、年金については、医療サービスの受給者割合を七三パーセントから一〇〇パーセントに引き上げ、年金加入者割合を二六・七パーセントから三八パーセントに拡大するとした。

　具体的な改革としてウリベ政権は、ガビリア政権が創設した「一般年金制度」を年金財政改善のために見直すとともに、年金加入率促進のための制度の拡充等新たな仕組みを導入する法律案を提出し、二〇〇三年法律第七九七号を成立させた。

　この法律の概要は次のとおりである。

（イ）年金財政改善のための施策
①保険料を標準報酬月額の一三・五パーセントから段階的に一六・五パーセントに引き上げる（二〇〇八年まで）。
②確定給付型年金の保険料払い込み最低期間を一〇〇〇週から段階的に一三〇〇週に引き上げる（二〇〇九年から実施）。
③確定給付型年金の年金額を、算定基礎月給（年金受給直前一〇年間の平均月給）に保険料払い込み期間に応じた割合（一〇〇〇週の場合六五パーセント、一四〇〇週以上で八五パーセント）を掛けて算出していたが、算定基礎月給が高くなるに従ってこの割合が低減（最大一〇パーセントポイント縮減）する方式を導入して、引き下げる。
④年金受給年齢を男性六二歳、女性五七歳に引き上げる。
（ロ）年金制度の拡充
①確定給付型年金の年金額が最低年金額（最低賃金）に達しない年金受給者のための補完制度として、最低年金保障基金（ＦＧＰＭ）を設け、その財源として、すべての加入者から一・五パーセント分の保険料を徴収する。
②年金加入歴のない生活困窮老人に年金（最低賃金相当額）を支給するため、生活困窮老齢者社会保障プログラムを設け、その財源として最低賃金の四倍以上の月給を取る加入者から月給の額に応じた一～二パーセントの保険料を徴収し、不足分は国庫補助金を充てる。
③自営業者及び請負労働者等にも年金加入を義務づける。

この改革により、ガビリア政権当時に見込まれた年金債務の国庫負担GDPの二〇〇パーセント相当は、一五七パーセント相当に低下すると推計されたが、憲法裁判所が一部経過措置をこの法律で実施することができないと判決したため、改善効果が削減され、国庫負担がGDPの一七九パーセントに増加した。

これに対して、ウリベ政権は二〇〇五年に憲法改正を行い、年金財政の持続可能性の観点から、次のような改善措置を講じた。

①まず、憲法第四八条に「この憲法改正の施行以後に交付される年金に関する法律は、その中で規定される事項の財政的持続可能性を確保しなければならない」という条項を追加し、年金財政の持続可能性を害する法律案は違憲であることを明確にした。

②一九九三年法律第一〇〇号で措置した年金の一ヶ月分の上乗せ措置を新たな受給者から廃止する。

③過去に経過措置として認められた法律の要件を充たさない年金受給者についての見直し規定を設ける。

④国会議員等に認められた年金の上限を最低賃金の二五倍までに制限する。

この憲法改正により、年金債務の国庫負担はGDPの一六〇パーセントに引き下げられた。(注)

(注) 年金債務の現在価値は将来の債務の割引率の設定によって大きく変動するので、このGDP比は傾向値と

〈図13〉コロンビアの年金制度の構造

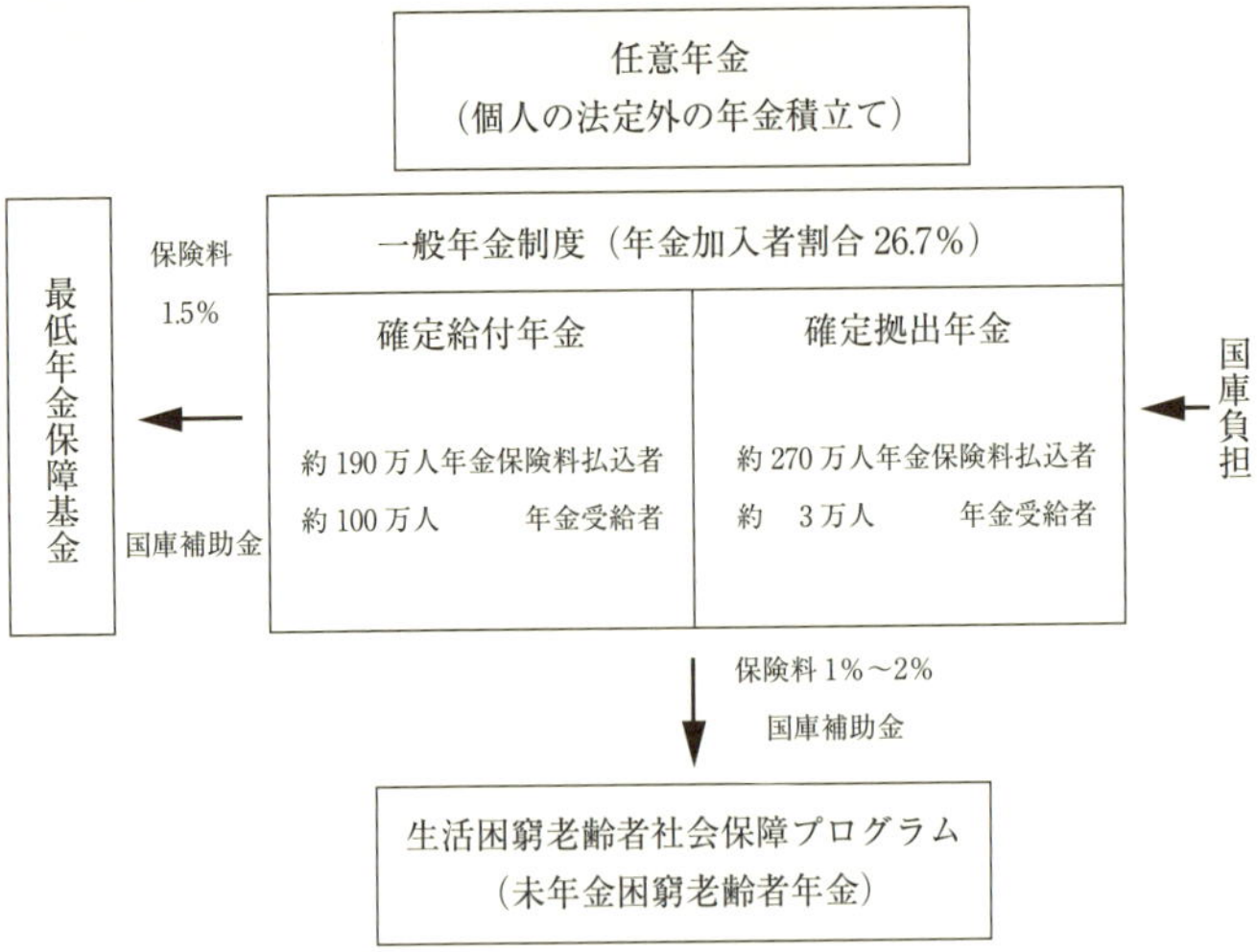

出所；筆者作成

して理解する必要がある。

《図13》「コロンビアの年金制度の構造」は、二〇〇三年の年金制度改革後の年金制度の概要を示したものである。

ウリベ大統領の民主的治安対策、投資の促進、福祉の充実という三つの政策の柱は、相互に関連し、かつそれぞれが他の政策を補強する構図になっている。すなわち、治安対策により治安が改善すれば投資家の信頼が高まり、投資が増加する。投資が増加すれば経済成長が促進され、貧困が減少するとともに福祉の財源が増加する。福祉が向上し、貧困が削減されれば治安はさらに改善することになり、この望ましい効果の好循環が生まれる。ウリベ大統領は、この三つの政策を三角形のそれぞれの角に書いて説明するのが常であったので、私はそれを何度も聞いて覚えてしまったほどであるが、最後に必ず強調したのは、この政策により国民、投資家及び外国のコロンビアに対する信頼を獲得することが目的であるという点であった。

次に、個別の改革の中でウリベ大統領が最初に取り組んだのは、労働改革であった。前述のとおり、一九九〇年のガビリア大統領による改革により、十年超勤続労働者の正当理由によらない解雇について、旧制度が認めていた復職権、年金及び失業中の給与を廃止して賠償金の割増で対応することとされたが、二〇〇二年法律第七八九号によりこの制度を更に見直し、また勤務形態を弾力化した。

この労働改革の概要は次のとおりである。

①一〇年を超過して勤務した労働者を解雇する場合の賠償金が一〇年未満の労働者と比べて急に上昇するのを見直す。すなわち、旧制度が、一年未満に四五日分、一年から五年に一年当たり一五日分、五年超一〇年に二〇日分、一〇年超に四〇日分の給与相当額の賠償金を支払うこととしていた方式を、一年未満に三〇日分、一年超に一年当たり二〇日分の給与相当額の賠償金とした。

②この賠償金の方式について、最低賃金の一〇倍以上の高額月給の労働者の特例を設け、一年未満に二〇日分、一年超に一年当たり一五日分の給与相当額の賠償金とした。

③労働基本法を改正し、通常勤務時間帯を午前六時から午後六時までとしていたのを午後一〇時まで延長する。これにより夜間手当の支払いを削減することが可能となった。

〈図14〉中央政府歳出規模のＧＤＰ比の推移

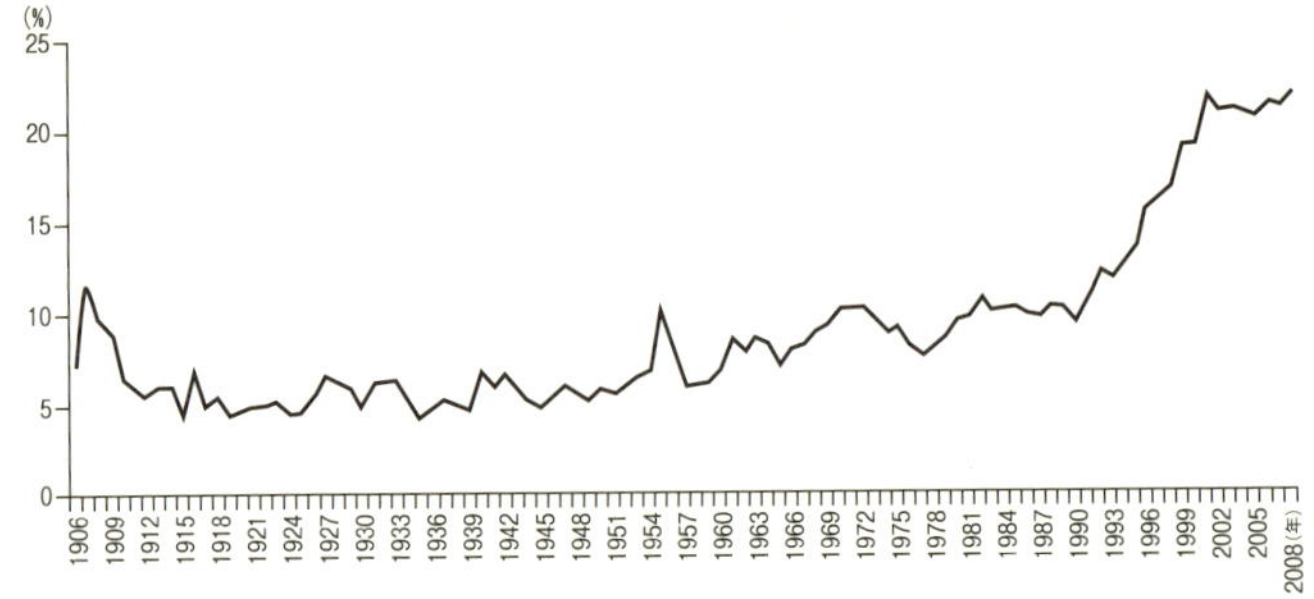

出所：Junguito&Rincón, Mauricio Cárdenas

④同様に、日曜休日勤務について通常給与の一〇〇パーセント割増手当を、七五パーセントに縮減する。

以上の改革により労働コストの大幅な削減が可能となった。

また、ウリベ大統領は、財政構造改革にも積極的に取り組み、在任中に相当の改善を実現した（二〇〇八年のリーマン・ショックの影響で二〇〇九年は悪化した）。

一九九一年憲法により教育予算及び医療年金、社会福祉等社会保障関係予算の拡充が義務づけられ、また治安情勢の悪化に対応するための経費の増加により、中央政府予算の規模は飛躍的に拡大した。《図14》「中央政府歳出規模のＧＤＰ比の推移」は、一九九一年憲法制定後、予算規模が急速かつ大幅に拡大していることを示している。一九九一年から二〇〇一年までの一〇年間で、歳出はＧＤＰ比で約一〇パーセント・ポイント増加している。一方、歳入は、《図15》「中央政府税収のＧＤＰ比の推移」に見られるとおり、

〈図15〉中央政府税収のＧＤＰ比の推移

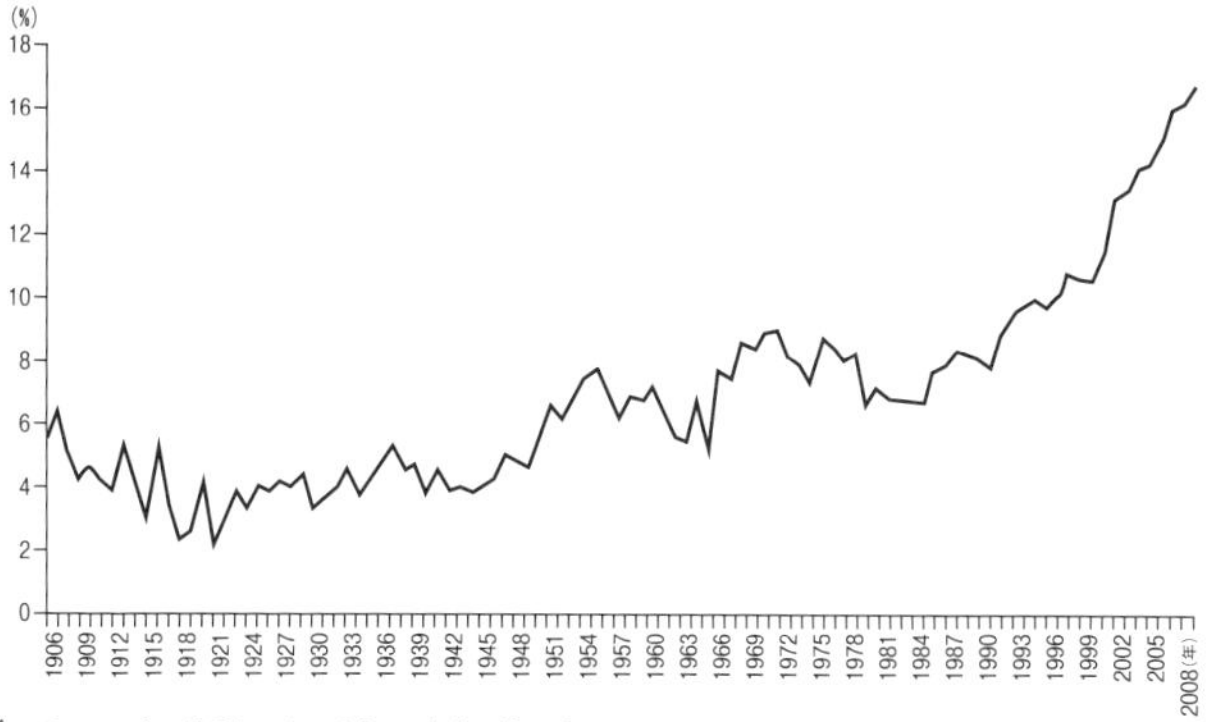

出所：Junguito&Rincón, Mauricio Cárdenas

同期間、ＧＤＰ比で約五パーセント・ポイントしか増加していない。この結果、二〇〇一年の中央政府一般会計の財政赤字は、一九九七年のアジア通貨危機の影響による不況も重なったため、ＧＤＰ比五・〇パーセントに達していた。

　ウリベ政権は、二〇〇二年以降、中央政府の歳出の対ＧＤＰ比をできるだけ抑制する方針を堅持する一方で、増税による税収増加と、国営石油公社のＥＣＯＰＥＴＲＯＬを二〇〇六年に民営化するなど国営企業の民営化を推進し、その株式の売却収入を活用するなどの財政構造改革を行い、財政状況は著しく改善した。

　例えば中央政府のプライマリー・バランス（基礎的財政収支）の対ＧＤＰ比を見ると、一九九九年がマイナス三・四パーセントで底であったものが、二〇〇一年マイナス一・四パーセント、二〇〇六年にプラス〇・二パーセントと黒字化し、二〇〇七年一・〇パーセント、二〇〇八年〇・九パーセントと改善した。しかし、リーマン・ショック後の世界不況の影響による税収減により、二〇〇九年は、マイナス〇・六パーセント、二〇一〇年は、マイナス一・一パーセントに悪化した。

また、中央政府の財政赤字の対GDP比は二〇〇一年の五・〇パーセントから二〇〇八年の二・三パーセントに改善したが、二〇一〇年は再び三・八パーセントに悪化した。非金融一般政府債務残高の対GDP比は二〇〇一年の三四・六パーセントから二〇〇八年の二四・八パーセントに、さらに、二〇一〇年は一一・八パーセントに大きく改善した。なお、この一般政府債務残高に占める外債の割合も、同期間中五八・二パーセントから五一・五パーセントと縮減し、リーマン・ショック後の外貨借入の余力を残す姿となった。

なお、コロンビアの財政制度で特徴的な点は、社会資本の整備を民間事業者へのコンセッション方式（一種のPFI方式）により実施していることである。二〇〇九年に策定された不況対策としての経済対策に総額二六〇億ドル（GDP比約一〇・八パーセント）の社会資本整備が盛り込まれたが、このうち一五〇億ドル（対前年比五〇パーセント増）はコンセッション方式で実施されたため予算の補正を行う必要がなく、政府限りで迅速に決定できるメリットがある。

ウリベ政権の経済・財政構造改革によりコロンビアの潜在成長力は五パーセント台を回復したといわれており、また、世銀のランキングにおいて、コロンビアの財政の健全度はラテンアメリカ諸国中でチリに次いで二位に位置づけられている。

第六章　コロンビアの経済運営の特異性

これまで二〇世紀以来のコロンビアの経済運営の特徴を様々な角度から取り上げてきたが、それらを再度まとめてみると次のとおりである。

（1）経済成長率の平均五パーセントの水準は特に高いとはいえないが、その分散はラテンアメリカ諸国中最も小さく、安定している。また、インフレ率についても、その水準はラテンアメリカ諸国中では中位に位置しているが、その分散は最も小さく、安定している。すなわち、他のラテンアメリカ諸国で発生したようなハイパーインフレーションを経験していない。

（2）一九八〇年代及び一九九〇年代にメキシコ（八二年）、ブラジル、ウルグァイ、ベネズエラ（八三年）、ペルー（八五年）、メキシコ（九五年）、ブラジル（九八年）、アルゼンチン（二〇〇〇年）等で生じた債務危機、通貨危機を経験していない。

一九七〇年代の後半のコーヒーブーム（コーヒーの国際価格は、ポンド当たり二ドル程度であったものが、一九七七年には五・八三ドルに急騰した。）の際、国際金融機関や外国民間銀行から、経済成長を高めるために積極的に投資をするよう融資の勧誘や圧力を受けたのに対し、アルフォンソ・アントニオ・ロペス大統領（一九七四年～一九七八年、自由党）は、将来の金融政策の弾力的運営を可能にするために過去の外債を減少させるという稀有な政策判断をした。その結果、他のラテンアメリカ諸国が、米国のボルカーＦＲＢ議長の新金融調整方式の実施によるＦＦレートの引き上げ（一九七九年、二パーセントから一九八一年、二〇パーセント）による利払い負担の急増で債務危機に陥ったが、コロンビアは、それを免れることができた。中央政府の債務残高のＧＤＰ比は、

〈図16〉中央政府の債務残高のＧＤＰ比の推移

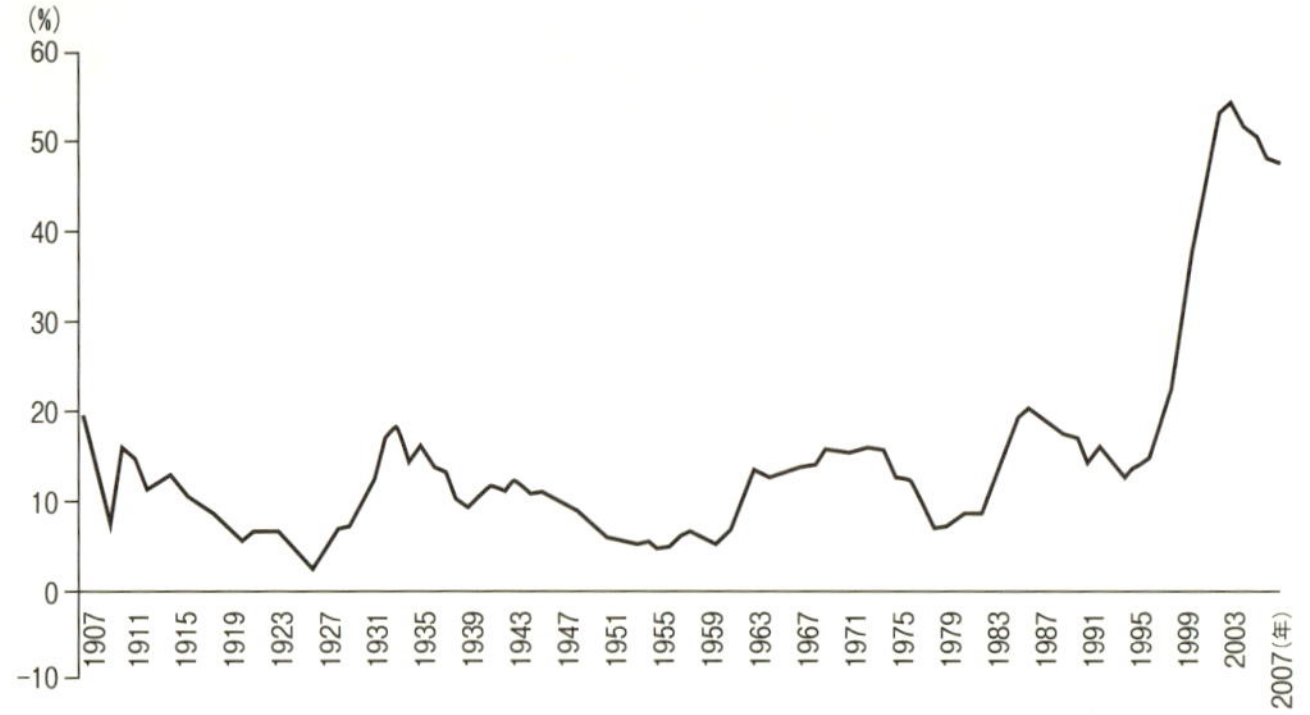

出所：Junguito&Rincón, Mauricio Cárdenas

二〇世紀中概ね二〇パーセント程度で推移した。《図16》「中央政府の債務残高のＧＤＰ比の推移」参照。

（3）歴史的に民族主義的傾向が少なく、外資系民間企業の国有化の実績がない。

（4）第二次世界大戦前後にラテンアメリカ諸国で誕生したブラジルのバルガス政権、アルゼンチンのペロン政権のようなポピュリズム政権がコロンビアでは誕生しなかった。

（5）一九九〇年代に自主的に「ワシントン・コンセンサス」に沿う市場主義開放政策を実施した。

　このようなコロンビアの経済運営の特徴から、経済学者は、コロンビア流の経済政策を既成の政策モデル（例えば、マネタリズム、構造主義、ケインズ主義、開発独裁等）に当てはめることができず、このことが、コロンビアの経済について外国の研究者による著作が少ない一つの理由となっている。

　筆者は、これらの特徴のうちコロンビア経済を分析する際の最も大きなポイントは、ポピュリズムの欠如であると考えている。その第一の理由は、一九七五年から一九七八年までアルゼンチンに勤務し、そこでペロニズムの大衆迎合的政策とそれが経済を混乱させる過程を実際に見た経験から、コロンビアの経済運営が健全で堅実であることが大変印象的であるからである。第二の理由は、コロンビアの政治史上、明らかにポピュリスト的政策を掲げて大統領選を戦った政治家が二人いるが、その一人のホルヘ・エリエセル・ガイタンは農地解放を唱え、既存地主階級に対抗して一九四八年暗殺され、もう一人の軍事政権時代の大統領であったグスタボ・ロハス・ピニージャは、生活費を引き下げることを公約として一九七〇年の大統領選挙を戦ったが僅差で敗れ、コロンビア社会が受け入れなかったという事実である。

逆に、前述のガビリア大統領やウリベ大統領は、就任早々新たな政策を実施するために必要な財源をまず国民に不人気な増税により調達したことである。さらに、ウリベ大統領は、三選に意欲を示していた二期目の最後に治安対策のための増税法案を議会に提出して、その成立に全力を尽くした。この増税法案そのものは、三選を果たしてから提出することでもよかったが、ウリベ大統領としては、仮に自分が三選できなくても自分が敷いた治安対策を後任の大統領が継続するよう、その財源を確保しておきたいという信念から、敢えて任期中に成立させたものである。

今日の我が国の政治が次第にポピュリスト的色彩を濃くし、選挙民に負担の軽減と受益の拡大を訴えるだけの長期的持続可能性を欠く選挙公約が一般化している現状を見るにつけ、財政問題に正面から取り組む議論が少ないことを憂慮している。

次に、それではコロンビアでどうしてポピュリズムが誕生しなかったのかについて、ロス・アンデス大学のミゲル・ウルッティア教授の論文を中心に、また、他の学者の説をも取り入れて、筆者なりに説明していくこととしたい。まず、その前に「ポピュリズム」の定義であるが、経済政策としてのポピュリズムとは、「経済成長と所得の再配分を重視し、インフレーション、財政赤字、対外収支の制約及び非市場的政策のリスクを軽視する政策アプローチである」（ドーンブッシュとエドワーズ）という定義を用いる。一般的には、労働者の実質賃金の引上げ、日常生活関連の物価の統制及び低所得者層に対する補助の拡大等が行われる。ジェフリー・サックス教授は、ラテンアメリカ諸国の階級間の対立の激しさは所得配分の極端な不平等を反映しており、また経済発展の恩恵を受けていないと感じる大衆は、一般的に福祉を増進させる戦略を約束する政治家を支持する傾向があり、この戦略が経済ポピュリズムであると説明している。コロンビアは上位所得の五分位層が六二パーセントの所得を受け取り、下位所得の五分位層が三パーセントの所得を受け取るという所得分配格差の極めて大きな社会であるので、傾向としてはポピュリズムになじみ易い社会構造であるといえる。

では何故コロンビアは経済ポピュリズムに走らなかったのかという疑問がさらに高まってくる。この点について、ウルッティアは、第一にコロンビアにおいては、政治的発展の歴史がポピュリズムではなくより洗練された形の縁故政治（clientelism）に結びついたと説明する。すなわち、一九世紀以来の二大政党制の下で、選挙は地方の政治ボス（ほとんど大土地所有者）が後援者（patron）となり、政治ボスとの私的な関係にある有権者（大部分が小作人等大土地所有者に依存している者）

を子分（cliente）とするクリエンテリズムが支配した。国会議員と政治ボスとの関係は、一方が選挙で票を提供し、他方が地元に中央政府の予算を獲得したり、公職の斡旋、有権者の子弟の奨学金の世話等の便宜を図るという利益還元の関係で結ばれた。また、政治ボスは選挙運動期間中その子分に対し飲食の提供、音楽バンド付パーティーの開催及び票の買収等を提供した。大変興味深いことに、ウルッティアは、この縁故政治の典型として日本の選挙を例示し、日本はこの制度により平等な社会と高い経済成長を達成し、有権者は満足していると述べている(注)（一九九一年）。縁故政治という言葉は国際的に悪い印象を伴うものであるが、政治的に有権者を取り込むモデルとして、縁故政治とポピュリズムの二つを対置し、日本の政治が一九八〇年代まで縁故政治の典型であったが、それが次第にポピュリズム化してきたと解釈すれば、現在の日本の政治がよく理解できるような気がする。

（注）ウルッティア教授は、国連大学の副学長として日本に生活した経験を持つことから、日本の選挙制度について深い知識を有している。

再度コロンビアの政治史を遡ると、一九世紀の四〇年代に政党が誕生して以降、第二次世界大戦終了時まで、中央政府の力が弱く、地理的に国土が分断されていることもあって地方の政治的独立性が強かった。地方の有権者にとって、中央政府との関係は大統領選挙と国会議員選挙を通じて認識されるに過ぎず、また、その選挙は地方の有力な政治ボスが支配していた。すなわち、政治力の源泉は地方にあり、政党は地方の政治ボスの連合体的性格を有していた。

地方の政治ボスにとって重要なことは、その子分を増やすためにできるだけ多くの便宜や資金を中央政府から引き出すことと特定の政党の支持を撤回するような経済状況を作らないことであった。特に、インフレーションを起こすことは有権者に極めて不人気であったため、政治家や大統領は、インフレーションを起こさないように厳しく政策運営する伝統があった。また、政治支配層には、マネーサプライ及び財政赤字とインフレーションとの間に相関があることについての経済学的認識が共有されていた。例えば、セサル・ガビリアは、自由党の大会における大統領候補受諾演説で、健全な金融政策は自由党の最も重要な伝統的コミットメントであると宣言している。

また、大部分が大土地所有者である地方の政治ボスにとって、農地改革を行い農地を零細農民や小作農に再分配する政策や、小作農民や労働者の実質賃金を引き上げる政策のようなポピュリズム政策は、その利害と対立するものであった。従って、コロンビアにおいては抜本的な農地改革が実施されたことはなく、植民地以来の大土地所有制が温存されている。ちなみに、農地の保有状況を見ると、農地面積約七千五〇〇万ヘクタール（日本の農地の約一六倍）のうち、全農家の〇・一パーセント未満の二千二〇〇農家が全農地の半分以上を所有しており、全農家の八六パーセントの約三一〇万農家が全農地の九パーセントを所有している。

また、大統領及び国会議員選挙のキャンペーンにおいては、候補者はポピュリズム選挙のように直接大衆に訴えることよりも、地方政治ボスの支持を求めることのほうが当選の確率が高まりかつ効率的なので、選挙カーによる街頭演説は極めて少ない。

第二に、中南米のポピュリズム政権にとって重要な要素であった労働運動がコロンビアでは極めて弱かったことが、ポピュリズム政権が誕生しなかったもう一つの要因である。

コロンビアの労働組合運動の歴史は、一九二〇年代に共産党の影響を受けた労働者のストライキが起ったが、制度上認められたのは一九三一年、自由党政権が制定した法律第八三号によってである。一九三六年に労働組合の全国組織であるコロンビア労働者連合（CTC）が結成された。これは、世界大恐慌の影響により、労働者の実質賃金が三五パーセント程度下落するという労働者をめぐる環境悪化が背景にあった。しかし、CTCは自由党支持派と共産党支持派が内部で対立する組織だったので、一九四六年に保守党が政権を奪還するとCTCを抑圧し、CTCは弱体化していった。一方で同年、カトリック系の労働組合組織であるコロンビア労働者同盟（UTC）が結成され、非政治的性格を維持しつつ、労働者の経済的要求を代表した。

一九五三年に就任した軍事政権のロハス・ピニージャ大統領は、共産党を非合法化するとともにCTCを抑圧し、さらに、アルゼンチンのペロン大統領を後援した労働組合運動に倣った御用組合組織である全国労働者連合（CNT）を支援して、UTCをも抑圧した。ロハス・ピニージャは、ペロンと同じような労働組合に対する政策を実行しようとしたが、その試みは成功しなかった。アルゼンチンの場合は、より豊かで都市の労働者の組織率も高かったが、コロンビアの場合は、当時の組織率が五パーセント程度で、農村部ではコーヒー農家は自営業者であるとして労働組合に入らなかった。

コロンビアの労働者の組織率は、一九六五年から一九八〇年の間約一五パーセントであったが、その後低下傾向を辿り、一九九〇年代に六パーセント程度となり、現在は五パーセント台である。

第三に、テクノクラートの存在である。

ウルッティアは、日本の縁故政治システムにおいて、官僚が経済政策の立案に果たした役割が大きかったと評価している。コロンビアにおいては、利益誘導的なクリエンテリズムの力が予算の編成及び配分権を持つ大蔵省に集中するのを避けるため、第二次世界大戦後、大蔵大臣は政治家ではなく実業界又は学界から任命することが慣行となっている。従って、政治家でない大蔵大臣がポピュリスト的政策を立案しようとする動機は弱い。また、多くの場合、大蔵大臣は大学院卒の資格を有しており、さらに金融政策、財政政策及び為替政策は、官僚に一任して日々の動きにタッチすることはないといわれている。

国家企画院（ＤＮＰ）の総裁も政治家を排除する慣行がある。ＤＮＰは、投資計画、外資政策及び開発計画を企画立案する行政組織であるが、総裁は経済学の専門家を起用し、局長クラスはＰｈ．Ｄの資格を有することが条件とされている。かつて、コロンビアの大学ではＰｈ．Ｄが取得できなかった時代は、局長クラスはすべて欧米の大学院卒ということになった。

国会議員は、ＤＮＰのテクノクラートが、国民の真のニーズを知らないと批判することがしばしばあるが、大統領は常にその批判からＤＮＰの官僚を庇うのが通例であった。

第四は、言論の自由の存在である。

コロンビアにおいて、経済ポピュリズムを防ぐ要因は完全な言論の自由が存在することである。

仮にポピュリズム的経済政策が策定された場合には、まず専門のマスコミが批判し、次いで一般のマスコミがフォローして、この批判が正当なものであると認識された場合には、民間の圧力団体がそのような政策に反対の動きを始め、政策が実行に移されることが阻止される。

また、経済政策に対する開かれた議論を可能にしているもう一つの要因は、経済専門家又は経済学者は、政府の重要ポストへの人材の供給源であることである。まずコロンビアの有力な大学は私立であるので、政府の政策に対し、自由に厳しい批判を加えることができる。次に、学者といっても、政府の要職に就いた経験がある人が多く、また、将来就く可能性が高いので、その批判は極めて現実的でかつ説得力があり、この学界の批判をクリアできなければ、政策として実現できないことになった。

言論の自由と学界の論争は、政府の政策に対する〝市場のテスト〟としての意味を持つことになった。

筆者はポピュリズムがコロンビアで誕生することを抑止した政治、経済、社会的要因がコロンビアの経済運営を健全に遂行できた基本であり、ハイパーインフレーション、債務危機、外国企業の国有化及び軍事クーデター等の現象が起きなかった理由であると考える。

このような分析を踏まえ、筆者がコロンビアについて評価している点をまとめると次のとおりである。

第一は、ラテンアメリカ全体を視野に入れて眺めた場合、現在高い成長を示しているのは、ブラジル、ペルー、チリ等の国であるが、これらの国は過去同じような経済問題を経験した国であり、将来再び同じような動きをする可能性が高い。従って、現在ラテンアメリカに投資を考えるとすれば、ブラジル、ペルー、メキシコ、チリが候補となるのは当然であるとしても、投資のリスクを分散するためにコロンビアを考慮することが重要ではないかと考える。コロンビアの特異性は、まさにリスク分散に最適の要素であると思われる。

第二は、コロンビアは極めて親米国家であるということである。一方、米国から眺めても、ベネズエラ、エクアドル、ボリビア、キューバ、ニカラグァと反米国家に囲まれたコロンビアが、極左ゲリラ（テロリスト）と麻薬という米国の国内問題とも密接に関係する問題を抱えながら、自由主義、民主主義の価値を共有しつつこれらの問題の解決に取り組んでいるのを米国は絶対に見捨てることはない。ボゴタにある米国大使館は、米国の在外大使館の中で世界一の職員規模であり、米国の援助額も世界で第四位である。ジョージ・ブッシュ前大統領は、二〇〇九年一月、退任に当たり、ブッシュ政権と強固な関係を築いた外国政治家三名に、大統領自由メダルを授与したが、その三名は、ブレア元英国首相、ハワード元オーストラリア首相及びウリベ大統領であった。英国とオーストラリアは、イラク戦争への貢献であるが、コロンビアが選ばれた意義は極めて大きい。

第三は、コロンビアの資源である。コロンビアには武装ゲリラの存在があったために、これまで資源開発が進まないという事情があった。しかし、治安対策が次第に効果を発揮し、武装ゲリラとの和平が成立すれば、コロンビアの資源は急に注目を浴びることになるのは確実である。現に、石油の生産量の推移をみると、一九九〇年代の前半は二〇万バーレル／日であったが、二〇〇〇年代前半に五〇万バーレル／日に増加し、最近では一〇〇万バーレル／日に達している。既に、欧米各国始め、中国、韓国、インド等アジア各国が周到に準備を進めているにもかかわらず、日本の企業のコロンビアに対する関心は強いとは言えない。貴重なビジネスチャンスを逃さないよう、積極的な投資プロジェクトの検討を期待したい。

最後に、コロンビアは貧困率が高いのに、現在の生活に満足している人の割合が九〇パーセントを超え極めて高いのは何故かという問題について、筆者の現段階の結論を記しておきたい。

筆者は、三年間強のコロンビア在勤中に全国三二県のうち二八県を訪問する機会を得た。都市から農村、さらに小舟でしか行けないような川沿いの集落やアンデス山中の高床式の住宅が数軒集まっている集落で床下には豚を放し飼いにしているような場所にも足を延ばした。どの村や集落でも、住民の生活水準は決して高くないが、印象的だったのは、子供達のみならず、老人、両親すべて表情が明るかったことであった。

しかし、コロンビアの労働市場を見ると、従業員十人未満の零細企業の事業主及び労働者、専門職及び技術職を除く自営業者、家族補助者、家事労働者などの非正規労働者の割合は約六〇パーセントと高く（注）、必ずしも安定した又は十分な所得が保証された就業状況ではない。これは、驚くほど高い数字である。

（注）二〇一二年の給与から源泉徴収される給与税の減税により、正規労働の割合が急上昇しており、二〇一四

年の主要都市の正規労働比率は、四七・一パーセントになった。

筆者は、当初、調査の方法に問題があるか、調査の誤差だろうと考えていたが、他の機関の調査でも同じような結果となっている。例えば、世界価値調査機関の二〇〇五年～二〇〇六年の満足度調査では、コロンビアは二五ヶ国中第一位（日本は第一五位）、英国レスター大学のエードリアン・ホワイト教授の調査では、コロンビアは一七八ヶ国中、デンマーク、プエルト・リコに次いで第三位（日本は第九〇位）、全米科学財団（ＮＳＦ）の国民幸福度ランキングでは、コロンビアは九七ヶ国中第三位となっており、いずれも高順位である。

筆者は、その理由として、第一に、コロンビアには税による所得再分配機能はあまり働いていないが、公共料金による所得再分配機能が大きいこと、第二に、一九九一年憲法制定以来、社会保障政策が充実したが、その受益者を特定する仕組みが家族単位で確立していること、第三に、未年金困窮老齢者年金の創設等生活扶助システムが充実したことである。

まず、税による所得再分配機能であるが、所得税を支払っている個人は約一〇〇万人いるが所得・法人税収に占める所得税の割合は五パーセントに過ぎず、小さい。また税率も二二パーセントから三四パーセントで累進率は小さい。また、付加価値税の税収は同規模で、この二つで全税収の八〇パーセントを占める。付加価値税は、食料品等生活必需品は非課税であるが、基本税率は一六パーセントである。さらに、相続税による再配分機能もほとんど働いていない。従って、税制構造全体として所得再分配機能が高いとはいえない。

一方、伝統的に公共料金については、貧困家庭対策として、低所得家庭の料金は安く、高所得家庭の料金は高く設定する方式がとられてきた。また、一九九一年憲法制定後、社会政策の受益者を特定する仕組みが導入され、公共料金もこの仕組みと組み合わせて設定されている。

この仕組みは、一九九三年法律第六〇号によって創設された「社会プログラム受益者選定システム」（SISBEN）といい、各家庭を実地調査して一から六までの階層（エストラート）を格付けする。調査項目は、所得のみならず、教育水準、住宅の規模、子供の数と年齢等の要素であり、最も社会経済状態の低い家庭が階層一、最も高い階層が六と認定され、六段階の階層証明書が発行される。

国立大学の授業料や公立の施設（例えば博物館）の入場料等も階層別になっている。例えば、上下水道の基本料が、階層一と階層六との間でそれぞれ一三・五倍、一五・六倍と大きな格差が設けられ、高階層が低階層のコストを負担している。

また、このSISBENの階層と社会保障制度が密接に結びつけられ、現在階層一および二が社会保障制度の主たる対象となっている。例えば、医療制度の税方式体系への加入資格（医療費の自己負担は、階層一で五パーセント、階層二で一〇パーセント）、職業訓練所（SENA）への優先入所、失業補助金の支給、就職の斡旋、六〇歳以上の高齢者の保護（食料支給等）、住宅補助等の受益者となり、特に階層一は特別に、大統領府社会行動庁（Accion Social）の総合的補助金が受けられ、また六歳未満の子供に対する食事補助が受けられる。

国家開発計画（二〇〇六年～二〇一〇年）では、二〇一〇年の社会行動庁によるプログラムの受益者を五〇万家族、コロンビア家族福祉協会（ＩＣＢＦ）による子供への給食プログラムの受益者を六二八万人と見積っている。

二〇一〇年の最低賃金（月額）が五一万五千ペソ（約二八〇ドル）で、どうして生活できるのだろうと考えてしまうが、これらの公共料金の割り引きと福祉政策の充実事情を考慮すると、案外質素な生活は可能であるように思われる。

なお、最低賃金は毎年物価上昇と生産性向上を考慮して、政府と労働組合代表及び使用者側代表で構成される委員会で決定される。

このように分析すると、治安情勢が改善される中で、最低賃金でも生活が可能な仕組みがビルト・インされており、また、安定的な経済成長の下で失業率が着実に低下（二〇一四年の失業率は八パーセント程度であり、ここ四年間で毎年一パーセントずつ低下している）し、しかも正規労働が増えているという状況があり、さらに、ラテンアメリカ諸国の中では際立って充実した社会保障制度が整備されているといった条件がそろっていることが、コロンビア人の満足度が高い要因ではないかと考えられる。

ほとんどのコロンビア人が、自分の国を美しい国で良い国であると誇らしげに語り、将来はより良くなるという夢を持っている姿を見ると、日本人が「坂の上の雲」を目指して国家の発展に邁進していたころの日本とだぶって見え、この頃の日本人と比べて羨ましく感じてしまう。

主要指標

		2000	2002	2010	2014	2015
GDP	実質成長（%）	2.9	2.5	4.0	4.6	3.2*
対外部門	財 輸出（FOB　百万米ドル）	13,745	12,367	40,762	57,027	38,025*
	非鉱物 輸出（FOB　百万米ドル）	7,283	7,327	14,288	17,099	16,545*
	議会が承認したFTAの数	17	18	26	60	60
	財 輸入（FOB　百万米ドル）	11,042	12,024	38,406	61,610	52,099*
	外貨準備（百万米ドル）	9,006	10,844	28,464	47,328	46,740
投資	投資率（GDP比）	14.5	16.6	24.5	29.5	29.4*
	グロス対内直接投資（百万米ドル）	2,436	2,134	6,430	16,325	12,111*
	グロス外国証券投資（百万米ドル）	1,453	−933	3,263	18,661	12,015*
マクロ指標	インフレーション率（%）	8.8	7.0	3.2	3.7	6.8
	10年国債金利	15.5	14.7	8.5	7.0	7.6
	信用格付（S&P）	BB	BB	BB+	BBB	BBB
	中央政府財政赤字（GDP比、%）	4.6	5.1	3.9	2.4	3.0
	予算投資（2014年　兆コロンビアペソ）	34.0	17.6	28.8	44.5	43.2
労働市場指標	失業率（年平均、%）	13.3	15.6	11.8	9.1	8.9
	雇用者数（年平均、百万人）	NA	15.9	19.2	21.5	22.017
	正規労働者数（年平均、百万人）	NA	NA	5.7	7.4	7.7
社会指標	保険制度加入者（百万人）	21.7	22.7	40.3	45.5	46.7
	貧困率（%）	NA	49.7	37.2	28.5	28.2**
	極貧率（%）	NA	17.7	12.3	8.1	7.9**
治安	殺人率（10万人あたり）	NA	69.8	34.0	28.0	26.3

*推計
**2015年6月までの12ヶ月分のデータ

出所：コロンビア大蔵省

あとがき

この本は、七月にかまくら春秋社の伊藤玄二郎代表から、コロンビアについての本を書くようにお勧めいただき出版することとなったものであり、日常の仕事の忙しさの中でほぼ諦めていたコロンビアの経済改革について紹介したいという筆者の夢が実現し、大変嬉しく感謝に堪えない。心からお礼申し上げたい。

実は、前著『ビオレンシアの政治社会史―若き国コロンビアの悪魔払い』は、本書の経済部分も含めたコロンビア全体の概説書として執筆したものであったが、出版不況の中でコロンビアをテーマとした本は売れないという理由でこれを出版していただける会社が見つからず、最終的にアジア経済研究所から「アジアを見る眼」シリーズとして新書判に入るよう経済部分を削除したうえで、テーマをビオレンシアに絞り出版していただくことができた。ただし、このシリーズは学術書であることから、その出版に至る前に査読者の審査を受け、さらに審査委員会において承認される必要があった。この審査過程において、第一回目の査読で査読者から、「筆者の独断的見解が多く、学術書としての価値がない」という判定を示されてしまい、諦めなければならないかと一旦は覚悟したものである。しかし、よくよく考えてみると、筆者の主張は、これまでのコロンビアに関する解説書で述べている通説を否定することが多く、さらに「事実に基づかず、マルクス主義の階級闘争史観で説明しようとする歴史の歪曲の一例である」とか、「日本のコロンビア研究者が、（マルクス主義の影響を受けた）コロンビアの二〇世紀の書物を無批判に引用または孫引きしている」などと記しており、筆者には誰なのか名前の分からぬ査読者にとっては、許されない内容であったに違いないと納得した次第である。そこで、アジ研の研究支援部にお願いして、査読者がどの部分を問題としているのか指摘してもらうこととし、その部分を加筆したり、論拠を補充したり、何度か間接的なやり取りを行った。そのうちに筆者が横浜銀行に勤めることとなり査読者とのやりとりもだんだん難しくなったので、最後の反論ペーパーにおいて、「もうこれ以上査読者と議論することはできないが、もし査読者に自信があるのであれば、この本を出版したうえで公開論争したい」というコメントを付して送ったところ、審査をパスしたという経緯がある。しかし、出版後も拙著について批判や誤りの指摘は一切なく、拍子抜けとなっている。このような経緯から、前著は難しく読みにくい本となってしまったことは否めず、その反省からこの本はできるだけ読みやすいように努めたつもりであるが、如何であろうか。

コロンビアに生活して痛感したことは、確かにコロンビアは他のラテンアメリカ諸国と歴史、人種、言語、宗教、文化及び社会構造と共通点も多いが、他方、政治的伝統、言論の自由の伝統、経済運営、一般犯罪の原因等相違点も多く、ディビッド・ブッシュネルが指摘したように、ラテンアメリカに共通するモデルでコロンビアを説明することは適当ではないということである。これが、諸外国にコロンビア研究者が少ない一つの理由であり、また、それ故にコロンビアの真実の姿が国外から発信されず、専らコロンビア国内の知識人の階級闘争史観的主張が流布した原因であると考えられる。ベルリンの壁崩壊後、コロンビアの知識人の自分の国の形を見る視点が変わってきたにもかかわらず、未だに我が国にその動きが紹介されていないのは残念でならない。

二〇〇九年頃、外交団の会合で、当時のベルムーデス外務大臣は、コロンビア政府の人権問題に配慮した治安対策を説明しつつ、コロンビアの現実のありのままの姿に関する情報の不足がコロンビアと諸外国との経済関係等の発展の阻害要因となっていると訴え、各国大使に自国に最新の情報を伝えるよう協力要請したことがあった。日本とコロンビアの二国関係についても、二〇〇一年に日系企業の副社長がゲリラ組織に誘拐され、その後二〇〇三年に解放される途中に政府軍と遭遇して銃撃戦となり殺害された不幸な事件が起きたことを契機に、ほとんどの企業が駐在員をマイアミ、パナマ、エクアドル、ベネズエラ等近隣諸国に避難させるという対応がとられた。今日ではすべての日系企業がコロンビアに駐在員を戻しているが、その不在期間の情報不足や本社のコロンビアに対する危機管理のためビジネス活動が著しく停滞して、日本はコロンビア市場において欧米諸国及び中国、インド、韓国等アジア諸国から大きく後れをとっている。しかし、その後、日本とコロンビアは、二〇一一年に投資保護協定を締結したのに続き、二〇一二年から経済連携協定（ＥＰＡ）交渉が始まり、現在大詰めの段階を迎えていることに見られるように、両国の関係は急速に改善している。特に、安倍総理大臣は、二〇〇八年に日本コロンビア議員連盟最高顧問として日本コロンビア修好一〇〇周年記念行事に参加するため訪問されたのに続き、昨年、総理大臣として初めてコロンビアを公式訪問され、サントス大統領との間で、両国経済関係の促進について合意されたことは、両国友好関係上画期的なことであった。

「若き国」コロンビアが、これから一層の経済発展を続けていくための条件の一つは、現在GDPの五パーセント程度という極めて高い国の治安対策向けの費用負担を削減することである。そのためには、ゲリラ組織の武装解除を何とか達成しなければならない。最大のゲリラ組織であるFARCは、国民の支持を失い、かつその通信網を政府軍に完全に抑えられているので、従来のような作戦行動が極めて難しくなってきておりじり貧状態にある。ピーク時、資金源の七割を麻薬に頼っていたことも、政府軍のコカ対策の効果により次第に困難になってきている。このような事情を考慮すると、二〇一二年からサントス大統領が開始したFARCとの停戦和平協定が実現するのはそんなに遠い先ではないという予感がする。

コロンビアは二〇〇九年、HSBC銀行頭取のマイケル・ジョーイーガンによりBRICSに次ぎこれからさらに発展する国のCIVETS（コロンビア、インドネシア、ベトナム、エジプト、トルコ、南アフリカの六ヶ国の頭文字、英読で「じゃ香猫」の意味がある）グループのトップに位置づけられている。また、世銀のドゥーイング・ビジネス・ランキング（二〇一五年）によれば、コロンビアは世界一八九ヶ国中三四位で、ラテンアメリカ諸国の中では最も高く、ペルー、メキシコ、チリより上位にある。また、評価項目の中で「投資家保護」については、一〇位と日本より高い評価を受けている。また、コロンビアは、現在チリ、ペルー、メキシコに次ぐ投資適格（BBB格）を付され、世界中の注目を集めている。ウォールストリートジャーナルには「ラテンアメリカの新しい虎」とよばれ、タイム誌は、「コロンビアの復活」の表題を掲げ、サントス大統領が表紙を飾っている。

さらに、コロンビアは、二〇一一年四月にペルーのガルシア大統領（当時）がメキシコ、コロンビア、チリに呼びかけ、経済統合とアジア太平洋地域との政治経済関係の強化を目標として設立された太平洋同盟に加入している。第三章で述べたとおり、この四ヶ国は、自由主義経済の導入により経済成長が促進された国であり、この四か国でラテンアメリカ諸国の人口と経済規模の三分の一を占めている。現在、オブザーバー参加国は三〇ヶ国を超えているが、日本は、一九一三年、アジアの国としては一番にオブザーバーとして承認されている。

このように国際的にもコロンビアの発展可能性が高く評価され、治安が著しく改善して欧米各国のコロンビアへの直接投資が二〇〇二年以降急増している中で、日本のコロンビアへの投資が二〇〇一年以降十年間ほとんど停止していた状況は大使としては残念であり、何とかこれを変えたいものだと思っていた。丁度二〇〇八年が日本・コロンビア修好一〇〇周年に当たることから、その記念事業として両国の産・官・学の有識者からなる賢人会議を提案し、今後一〇〇年の両国経済関係の強化のあり方についてご議論いただくことにした。日本側代表は三菱商事株式会社会長の小島順彦日本コロンビア経済委員長が、コロンビア側代表は、ＦＮＣコロンビアコーヒー生産者連盟総裁ガブリエル・シルバ・ルハンコロンビア日本経済委員長がご就任され、二〇〇九年にその提言を両国首脳に提出いただいた。その結果、二〇一一年に日本とコロンビア間の投資保護協定交渉が締結され、現在、経済連携協定（ＥＰＡ）交渉の妥結に向けて展望が開けてきたことは、両国関係にとって明るい材料であり、賢人会議の提言に沿って着々と進展していることは、喜ばしい限りである。

コロンビアは「若い国」である。国民の皆が自分の国を美しい国であると誇りを持って自慢し、かつ満足している。また、貧しさの中でも明るさを失わず、我が国が忘れてしまったように見える将来への希望を持ち、自分の国をより良くしようという意気込みが潑溂と息づいている。

過去の悪夢のような災厄から脱皮しようと必死に努力しているコロンビアの真実の姿について、できるだけ多くの方に認識していただくことを願ってやまない。

この本を書くに当たっては、大変多くの方々から貴重なご教授、ご示唆、ご指導を賜っているが、ここでは特にお世話になった数名の方の名前を記して感謝の意を表したい。まず、フランシスコ・サントス・カルデロン元副大統領からは筆者の疑問に正面から答えていただき、エドアルド・ポサーダスの本を推薦していただいた。マウリシオ・カルデナス元高等研究財団理事長（現大蔵大臣）には、コロンビア経済全般にわたる勉強の手引きをしていただいた。ミゲル・ウルッティア　ロス・アンデス大学教授（元コロンビア共和国銀行総裁）には、コロンビア経済の特質、特にポピュリズムがコロンビアに存在しない理由を教わった。エドアルド・ウィスネル元大蔵大臣には、一九九一年憲法制定後の経済政策の推移について解説していただいた。ロベルト・スタイナー　高等研究財団理事長からは、一九九〇年以降のセサル・ガビリア大統領の経済構造改革について詳細に分析した本を贈呈されたほか、日常的に筆者の質問に適切なご指導をいただいた。

本書は『ビオレンシアの政治社会史—若き国コロンビアの悪魔払い』の姉妹編であり、セットで読んでいただければ、政治、社会、経済全体をよりご理解いただけると思われるが、この本だけでも全体を理解できるよう一部重複する部分があることをお断りしておく。

筆者は、昨年亡くなった父の初盆のため帰省した夏休み期間に、四年前に執筆した原稿とその後雑誌等に寄稿した文章に、最近の動きを加えて本書をまとめた。その際、原稿の修正、切り取り、貼り付けなど筆者が不得意な操作は、長女の千穂が献身的に助力してくれた。彼女の協力なしには、一週間という短期間でこの原稿を仕上げることは出来なかった思う。また、急造の原稿を丁寧に見直して整理していただいた、かまくら春秋社の玄真琴さんに心から感謝します。

二〇一五年八月一五日

松江市の実家にて

付記 九月の報道によれば、サントス大統領は、キューバの仲介により非合法武装組織であるＦＡＲＣとの和平交渉で基本的な合意に達したとのことである。これが来年春に最終合意に達しＦＡＲＣの武装解除が実現すれば、今後のコロンビア経済の成長は一層高まることが期待される。

図表

参考文献

〈日本語〉
藤本芳男『知られざるコロンビア』（サイマル出版会）
「ARCレポート2006」コロンビア（財団法人　世界経済情報サービス）
増田義郎『物語ラテン・アメリカの歴史』（中央公論新社）
高橋均・網野徹哉『世界の歴史一八　ラテンアメリカ文明の興亡』（中央公論社）
西島章次・細野昭雄『ラテンアメリカ経済論（ミネルヴァ書房）
バーバラ・スターリングス/ガブリエル・ツェケリー/堀坂　浩太郎『ラテンアメリカとの共存』（同文館）
伊高浩昭『コロンビア内戦―ゲリラと麻薬と殺戮と』（論創社）
イングリッド・ベタンクール『それでも私は腐敗と闘う』（草思社）
イングリッド・ベタンクール『ママンへの手紙―コロンビアのジャングルに囚われて』三好信子 訳・解説（新曜社）
ガイ・グリオッタ/ジェフ・リーン『キングス・オブ・コカイン（上・下）』（草思社）
ホルヘ・イサックス『マリア』（武田出版）
アントニー・ワイルド『コーヒーの真実』（白揚社）
山本紀夫『ジャガイモとインカ帝国』（東京大学出版会）
石田博士『中南米が日本を追い抜く日』（朝日新書）
ガブリエル・ガルシア・マルケス『生きて、語り伝える』（新潮社）
神代修『シモン・ボリーバル』（行路社）

〈外国語〉
David Bushnel "Colombia Una nación a pesar de sí misma" (Planeta Colombia S.A.)
Eduardo Posada Carbó "LA NACIÓN SOÑADA" (Norma)
José Antonio Ocampo Gaviria "HISTORIA ECONÓMICA DE COLOMBIA" (Planeta Colombia S.A.)
Salomón Kalmanovitz "NUEVA HISTORIA ECONÓMICA DE COLOMBIA" (Aguilar,Altea,Taurus,Alfaguara S.A.)
Mauricio Cárdenas S. "Introducción a la Economia Colombiana" (Alfaomega Colombiana S.A.)
James Robinson/Miguel Urrutia "Economia colombiana del siglo XX" (Fordo de Cultura Económica)
Eduardo Wiesner "La economia politica de la política macroeconomica en America Latina" (Edward Elgar)

Eduardo Wiesner "Fiscal Federalism in Latin America" (Inter-American Development Bank)
Sebastián Edwards/Roberto Steiner "LA REVOLUCIÓN INCOMPLETA :LAS REFORMAS DE GAVIRIA" (Norma)
Diego Younes Moreno "DERECHO CONSTITUCIONAL COLOMBIANO" (IBÁÑES)
Jacobo Pérez Escobar "Derecho constitucional colombiano" (TEMIS)
Felipe Botero/Arlene B. Tickner "Colombia y el mundo, 2008" (Uniandes)
Russell Cramdall "Driven by Drugs ; US Policy Toward Colombia" (Lynne Rienner Publishers,Inc・)
Daniel Pécaut "LAS FARC" (norma)
Gustavo Mauricio "Las verdaderas intenciones de las FARC" (intermedio)
Accion social/UNODC "Estruetura economica de las unidades productoras agropecuarias en zonas de influencia de cultinos de coca"
Danièl Mejià/Pascual Restrepo "The War on Illegal Drug Production and Trafficking : An Economic Evaluation of Plan Colombia" (Fedesarrollo)
Leonardo Bonilla Megia "Revision de la lileratura economica reciente sobre las causas de la violencia homicida en Colombia" (Revista del baneo de la Repablica)
Sebastian Edwards "The Economies and Polities of Transition To an Open Market Economy : Colombia" (OECD)
Eduardo Lora/Carlos Scartascini "Consecuencias Jmprevistas de la Constitución de 1991" (Alfaomega Colombiana S・A)
Alina Racha Menocal/Hernando Gómez Buendia "Colombia : Power and Change Analysis (Royal Netherland Embassy)
Greg Clark/Debra Mountford "Estrategias de inversion y herramientas financieras para el desarrollo local" (OECD)
Miguel Urrutia "On the Absence of Economic Populism in Colombia" (The Macroeconomics of Populìsm in Latin America, The University of Chicago Press)
Roberto Junguito/Hernán Rincón "LA POLITICA FISCAL EN EL SIGLO XX EN COLOMBIA" (FEDESARROLLO)
Fidel Jaramillo "Desafios del crecimiento en Colombia : ¿polibicas deficientes o imsuficientes" (FEDESARROLLO, BID)
Francisco Leal Buitrago/Andres Davila Ladron de Guecara "CLIENTELISMO : El sistema Politico y su expresión regional" (tercer mundo editores)
Fernando Gaitán Daza "UNA INDAGACIÓN SOBRE LAS CAVSAS DE LA VIOLENCIA EN COLOMBIA"

Angelika Rettberg "Reparación en Colombia ¿ Qué guieren las victimas ?"
UNDP "El Coflicto, callejón con salida"
Enrigne Peña Piaz "Santancder, genio de la Logistica" (Jaime Galvez Aldana)
Alvaro Larano Eguival "SANTANDER 1792-1840 (alvaro lozano & cia Ltda.)
Juan Carlos Torres "OPERACIÓN JAQUE" (Planeta colombiana S.A.)
Clara Rojas "CAUTIVA" (norma)
Ingrid Belancourt "Cartas a mamá, desde el infierno" (Grijalbo)
Gabriel Garcia Márquez "Vivir para contarla" (norma)

寺澤辰麿（てらざわ・たつまろ）
1947年（昭和22）島根県生まれ。71年（昭和46）東京大学法学部卒業後、大蔵省入省。
75年（昭和50）〜78年（昭和53）まで在アルゼンチン日本国大使館書記官。名古屋国税局長、主計局次長、関税局長、理財局長を歴任し、2003年（平成15）、国税庁長官に就任。
財務省退官後、07年（平成19）〜10年（平成22）まで、在コロンビア日本大使館特命全権大使を務め、11年（平成23）、横浜銀行頭取に就任する。

コロンビアの素顔

著者　寺澤辰麿
発行者　伊藤玄二郎
発行所　かまくら春秋社
鎌倉市小町二―一四―七
電話〇四六七(二五)二八六四
印刷所　ケイアール
平成二十八年四月十五日発行

ISBN978-4-7740-0679-6 C0030